Collezione Permanente del Design Italiano
Permanent Collection of Italian Design
Collana diretta da/Series directed by
Silvana Annicchiarico

Il design della gioia:
il gioiello fra progetto e ornamento

Jewelry between design and ornament

Palazzo della Triennale, Viale Alemagna 6, Milano

23 Novembre 2004 - 27 Febbraio 2005
November 23, 2004 - February 27, 2005

Mostra e Catalogo a cura di
Curators and Catalogue Editors
Alba Cappellieri_Marco Romanelli

Assistenza ai Curatori
Curators'-Editors' Assistants
Giovanna Novazzi, Alessandra Porro, Elisa Vigo

Graphic Design
Giuseppe Basile con/with **Donata Basile**

Progetto dell'allestimento/Exhibition Design
Marco Romanelli_Marcello Pinzero
con/with Daniela Borzone (Studio Romanelli)

Traduzione/Traslation
Karen Klapshaw_Geoffrey Moody

Redazione/Editing
Emily Ligniti

Realizzazione allestimento/Exhibition setting up
Way s.p.a. Milano

Assicurazione/Insurance
Assitalia tramite **Mansutti s.p.a.**

©2004 Triennale di Milano
Tutti i diritti riservati

Printed in Italy
ISBN 88-8158-496-4

Edizioni della Triennale

Fondazione La Triennale di Milano
viale Alemagna 6
20121 Milano
tel. +39-0272434.1
fax +39-0289010693
info@triennale.it
collezione.design@triennale.it
www.triennale.it

Distribuzione
Edizione Charta

Via della Moscova 27
20121 Milano
tel. +39-026598098/026598200
fax +39-026598577
email: edcharta@tin.it
www.chartaartbooks.it

fotolito/prepress Actualtype srl (Milano) stampa/print La Grafica - Cantù srl (Como) ✳ finito di stampare nel mese di novembre 2004

designers

privilegiato ed esclusivo con materiali "nobili" e lussuosi (l'oro, il diamante, la pietra preziosa) e si è aperto a *liaisons dangereuses* dalle implicazioni molto interessanti. Perché ha fatto entrare materiali "volgari" nella sfera simbolica del lusso, ha contaminato e confuso i confini fra valore e disvalore, ha progettato una deliberata sfida alle gerarchie consolidate del gusto e della preziosità. Altro che semplice ornamento, insomma. Come dice Audrey Hepburn in *Colazione da Tiffany* (1961), davanti alla vetrina di quella che è forse la più celebre gioielleria del mondo: "Non voglio possedere nulla finché non trovo un luogo dove io e le cose stiamo bene insieme". Ecco: forse, nella sensibilità simbolica del Novecento il gioiello ha rappresentato soprattutto questo: un modello secondo cui rapportarsi alle cose significa innanzi tutto trovarsi in conformità con loro.

In questa prospettiva, la storia della Triennale di Milano – anche se molti, oggi, fingono di non ricordarlo – è densa di episodi emblematici e intelligentemente precursori nel rivendicare un rapporto non convenzionale del design con l'oreficeria e, soprattutto, con la gioielleria. Fin dagli anni Trenta, non a caso, le Triennali hanno dedicato un'attenzione non episodica e non strumentale a questo settore particolare della cultura del progetto. La VI Triennale del 1936, ad esempio, dedica una mostra all'antica oreficeria italiana, a cura di Franco Albini e Giovanni Romano, memorabile soprattutto per l'allestimento (una selva ordinata di tubi bianchi a sezione quadrata, che reggono vetrine leggere di vetro trasparente, creando un ordine preciso e rigoroso entro cui esporre gioielli, monili e diademi). La IX Triennale del 1951, dedicata ai prodotti esemplari dell'artigianato a lavorazione pregiata, presenta invece un'interessante sezione sulla bigiotteria, in cui spiccano – tra i vari pezzi esposti – le collane e le *broches* sbalzate di Genni Mucchi e le collane smaltate di Paolo De Poli. È tuttavia l'XI Triennale del 1957 che segna una svolta epocale nel rapporto fra gioiello e design: la sezione dell'oreficeria, ordinata da Arnaldo e Giò Pomodoro, con allestimenti realizzati da Rosanna Monzini ed Emilio Terragni, opera un vigoroso

tentativo di adeguamento al "moderno" della tradizione orafa artigianale, contaminando la sapienza secolare dei maestri orafi con quella di artisti e designer del calibro di Enrico Baj, Gianni Dova e Ettore Sottsass. L'obiettivo è quello di svincolare il gioiello dagli schemi formali plasmati da secoli su motivi floreali, e insieme di rompere l'idea che il gioiello sia soprattutto un investimento di capitale in pietre preziose. Se è vero che – come scriveva Roland Barthes all'inizio degli anni Sessanta – il gioiello è un oggetto infernale perché le pietre preziose che fanno il suo valore provengono dalle profondità della Terra, dagli abissi inferi e ctoni in cui il valore e la purezza si perdono in magmatiche origini oscure, svincolare l'idea di gioiello dalla necessità della pietra significa liberarlo dal suo ambiguo destino alchemico, e dal peccato originale della sua origine.

La mostra "Il design della gioia" va volutamente in una direzione analoga: rientra nel progetto che, iniziato con "Le parole e le cose" e proseguito con "Fuori serie", "Acqua da bere" e "Come Comete", punta ad esporre la Collezione Permanente del Design Italiano con un taglio sempre nuovo e attento alle problematiche attuali, tracciando nuovi possibili percorsi di lettura nella storia del design e consentendo di individuare, segnalare e acquisire nuovi oggetti che arricchiscano e consolidino il patrimonio esistente. Aprendo anche ai gioielli? Perché no. Se designer come Afra e Tobia Scarpa, Angelo Mangiarotti, Alessandro Mendini, Michele De Lucchi, Mario Bellini, Konstantin Grcic e tanti altri si sono misurati con il tema del gioiello, bisogna avere il coraggio di trarne tutte le possibili conseguenze. Delle due, l'una: o il gioiello risponde a qualche funzionalità non esaustivamente ornamentale, oppure i designer appena menzionati si sono dati tutti all'ornamento, macchiandosi del delitto di cui parlava Loos. Noi propendiamo per la prima ipotesi, nella convinzione che nulla sia più funzionale (e meno superfluo), oggi, di qualsiasi progetto che aiuti il corpo – e i corpi – a trovare un'immagine accettabile di sé.

Tanto più che i gioielli non si indossano in casa, non hanno a che fare con

il privato, ma sono squisitamente pubblici, sono implicati con la rappresentazione esteriore dell'io, con le sue maschere sociali. Per quanto oggetto di un secolare culto "proprietario", proprio i gioielli, oggi, hanno paradossalmente più a che fare con il "noi" (cioè con la messinscena della nostra socialità) che con i fantasmi esangui e privatistici dell'"io".

On the Usefulness of the Superfluous. Jewelry and Design in the History of the Triennale

For a long time the design world *has pretended* not to see jewels. It has relegated them to the limbo of the *ornament*, the infamy of the *unique piece*, the gratuitousness of *decoration*, and it has expunged them from itself and from the whole world of planning as perilous temptations, heretical deviations, indications of the "delinquency" that the austere Adolf Loos denounced in any derailment of the designer that might lead towards the sphere of ornamentation, superfluity, and glitter. The presumed antinomy between jewelry and design is really more the result of a cliché (or, if you prefer, cultural laziness, an ideological postulate, an aprioristic refractoriness to the very idea of *uselessness*) than of an objective incompatibility. If jewelry serves (and historically has served) to define the identity of the person

wearing it, the attempt to relegate it to the sphere of the superfluous is highly questionable, unless one considers all that is functional for the construction of identity less useful or less noble than what is functional for the satisfaction of the "primary" needs of the body. Of that very body, moreover, which, in addition to eating, sitting, sleeping, and dwelling, is constantly designing things connected with itself and its own image, and in jewelry often finds some of the most precious words with which to construct a language and attempt to say *what it is, what it would like to be, and how it would like to appear*. The idea that jewelry is not compatible with design because it is a prisoner of the *idolatry of the unique piece* and not replicable (design, on the other hand, being the realm of replicas and series) is also more the result of prejudice than of objective, balanced observation of the state of things. If only because there is jewelry and jewelry (just as there are armchairs and armchairs, even from the perspective of production …); and if tradition wishes a piece of jewelry to be a unique, virtuous artifact that emerges from the mastery and craftsmanship of a goldsmith's workshop, all the modernity of the twentieth century – from the triumph of the bijou to the mass-produced jewels recently manufactured by prestigious brand-names of renown – is nevertheless pervaded by numerous, frequent attempts to replicate the unique piece, to democratize it, and to transform it into series in terms of production. Thus, in the course of the twentieth century, jewelry abandoned its privileged, exclusive relationship with "noble" luxurious materials (gold, diamonds, precious gems) and opened its doors to *liaisons dangereuses*, with very interesting implications. By bringing about the introduction of "common" materials into the symbolic sphere of luxury it has contaminated and confused the boundaries between value and non-value, issuing a deliberate challenge to the consolidated hierarchies of good taste and preciousness. In other words, something other than mere ornamentation. As Audrey Hepburn says in *Breakfast at Tiffany's* (1961), standing outside the window of what is possibly the most famous jeweler's in the world: «I don't want to

own anything until I find a place where me and things go together». Precisely. Perhaps that, above all, is what jewelry represents in the symbolic sensibility of the twentieth century: a model with which to relate to things means, first and foremost, being in conformity with them.

Within this perspective, even if many people nowadays make a show of not remembering, the history of the *Triennale* of Milan is rich in emblematic episodes that served intelligently as precursors for the demand for a non-conventional relationship between design and work with precious materials, especially with jewelry. Until the late thirties the Triennials paid an attention that was neither episodic nor instrumental to this particular sector of design culture. For example, the sixth Triennial, in 1936, devoted an exhibition to old items of the goldsmith's art in Italy, curated by Franco Albini and Giovanni Romano, memorable especially for the presentation (an orderly forest of square-section white tubes supporting light showcases of transparent glass, creating a precise, rigorous order in which to exhibit jewels, pendants, and diadems). The ninth Triennial, in 1951, devoted to exemplary items of precious workmanship made by craftsmen, nevertheless presented an interesting section of bijouterie, in which Genni Mucchi's repoussé brooches and necklaces and Paolo De Poli's enameled necklaces were prominent among the various items exhibited. Yet it was the eleventh Triennial, in 1957, that marked an epoch-making turning-point in the relationship between jewelry and design: the jewelry section, organized by Arnaldo and Gio Pomodoro, in an installation designed by Rosanna Monzini and Emilio Terragni, made a vigorous attempt at adjusting the craft tradition of the jeweler to «modernity», contaminating the age-old knowledge of master goldsmiths with that of artists and designers of the caliber of Enrico Baj, Gianni Dova, and Ettore Sottsass. The aim was to release jewelry from formal schemes that for centuries had been modeled on floral motifs, and at the same time to demolish the idea that jewelry was primarily an investment of capital in precious stones. If it is true – as Roland Barthes wrote in the early

sixties – that a jewel is an infernal object because the precious stones that create its value come from the very bowels of the earth, from the chthonic abysses of the underworld where value and purity are lost in dark, magmatic origins, releasing the jewel from the need for stone means freeing it from its ambiguous alchemical destiny, and from the original sin of its origin. The exhibition *Il design della gioia* (Jewelry and Design) deliberately advances in a similar direction: rejoining the project that started with *Le parole e le cose* (The Order of Things) and continued with *Fuori serie* (Left Out / Never Went Into Production), *Acqua da bere* (Drinking Water) and *Come comete* (Like Comets), ever keen to show the Permanent Collection of Italian Design from a new slant, and attentive to current problematics, outlining possible new paths of reading in the history of design and creating possibilities for locating, singling out, and acquiring new items to enrich and consolidate the existing assets. Opening the doors to jewelry, too? Why not? If designers such as Afra and Tobia Scarpa, Angelo Mangiarotti, Alessandro Mendini, Michele De Lucchi, Mario Bellini, Konstantin Grcic, and so many others have tried their mettle in the field of jewelry, we must have the courage to draw all the possible conclusions. Two possibilities exist: either jewelry responds to some functionality that is not exclusively ornamental, or else the designers just mentioned have all given themselves over to ornamentation, tarnishing themselves with the misdemeanor to which Loos alluded. We incline to the first hypothesis, in the conviction that there is nothing more functional (and less superfluous), nowadays, than any design that aids the body – and bodies – to find an acceptable image of itself.

All the more so because jewelry is not something worn in the home, it does not have to do with the private world, it is exquisitely public, bound up with the outward representation of the self, with its social masks. As objects with an age-old cult of "ownership," pieces of jewelry paradoxically, nowadays, have more to do with "us" (that is, with the *mise en scène* of our sociality) than with our pallid, privatizing phantoms of the «self».

GIO PONTI 1957 L'ARCHITETTURA E' UN CRISTALLO_ARCHITECTURE IS A CRYSTAL

Alcune riflessioni e tre telegrammi (da Gio Ponti)
in occasione di una mostra sui gioielli dei designer

Marco Romanelli

Antefatto 1) Iddio, fattosi zefiro, creò il primo giorno l'aria, il vento, le nuvole; il secondo la terra e,

fattosi gnomo, vi nascose con divina malizia, ori e pietre per farci impazzire...

Antefatto 2) Gli artisti, veri, non sono dei sognatori, come molti credono, sono dei terribili realisti:

non trasportano la realtà in un sogno, ma un sogno nella realtà...

1) Un architetto è qualificato per fare molte cose: dipingere, modellare, sceneggiare...; disegnare oggetti...;

non esistono diversioni, tutto ciò che un uomo fa è sempre sullo stesso piano...; in ogni cosa è sempre

lo stesso processo mentale e la stessa mano, è sempre lo stesso artista.

2) La bella materia è uguale per tutti. Creare bellezza con una materia modesta è invece di pochi.

La bella materia, poi, non esiste. Esiste la materia giusta.

3) ...la funzionalità è un fatto implicito, mai un fine; è un fine, e ne è un limite, solo nell'opera

dell'Ingegnere... (un progetto) che funzioni e basta "non è ancora bello" e non funziona del tutto.

Funziona del tutto se è bello. Allora funziona per sempre...   *Gio Ponti, 1957*

Pur senza voler riaprire l'annosa questione su cosa sia il design e quali i campi di azione del designer dobbiamo tuttavia riconoscere che esistono ambiti operativi esclusivamente riservati ai designer e altri cui si giunge per strade diverse. Il gioiello è senz'altro l'esempio più eclatante di questa seconda situazione: gioielli nelle gioiellerie, gioielli d'artista, gioielli etnici, gioielli cerimoniali, bijoux, fino ai piercing e ai tatuaggi. Gioielli quindi come entità diffusa, ma anche gioielli come entità a-temporale: muovendo dalla constatazione che esistono popoli nudi, ma non esistono popoli che non si decorino, gli antropologi sono giunti alla conclusione che la decorazione corporea sia la forma più antica di abbigliamento. Ieri come oggi, progetti "attorno al corpo" ovvero progetti destinati a dilatare il nostro spazio corporeo. In una duplice accezione: la prima, eteroriferita, tende a sottolineare un aspetto di identificazione sociale, di status; la seconda, autoriferita, segnala la dimensione narcisistica e la necessità di rassicurazione. L'uomo contemporaneo, tatuato, ingioiellato, schiavo del maquillage e della chirurgia estetica, sovente semi-spogliato, incontra, nella dimensione della nudità e del decoro del corpo, l'uomo primitivo, e lo riconosce. Capta in lui analoghe necessità di differenziazione e identificazione, di scaramanzia e di invito sessuale. "Intorno al corpo" ruotano quindi valori simbolici enormi e conseguentemente enormi interessi. "Intorno al corpo" si accaniscono specialisti diversi, tra essi i disegnatori di gioielli e tra questi

i designer. Che cosa allora identificherà l'opera di questi ultimi? L'alfabeto che segue
e che raccoglie i pezzi di 46 tra i più importanti designer contemporanei cerca di dare
una risposta a questa domanda. Ci aiuta in questo compito il confronto tra la prassi
del designer e altre prassi consolidate nel modo della gioielleria, qui proposte mediante
esempi di eccellenza. Ne discende che l'approccio dei designer, ovviamente lontano
dal mondo del gioiello fashion così come da quello della produzione corrente, si allinea
sintomaticamente all'approccio degli artisti. Innanzitutto nel considerare il gioiello
semplicemente una delle possibili scale di intervento, uno dei possibili mezzi espressivi.
Indi nel vivere fortemente la continuità formale che lega le diverse esternazioni di
un creativo. Infine nel procedere secondo una incoercibile necessità che prescinde
da caratteristiche quali il valore, la commerciabilità e persino la portabilità.
La funzione dell'artista (e qui volutamente includiamo artisti tout-court e designer)
si conferma essere quella dell'apri-pista, del sollecitatore delle coscienze.
A lui affidiamo quel "andare oltre" che, a volte, la contingenza e l'abitudine ci fanno
dimenticare di perseguire. Andare oltre le convenzioni, andare oltre il buon gusto,
andare oltre il gioiello.

Antecedent 1) On the first day, transformed into a zephyr, God made the air, the wind, and the clouds;
on the second day He made the earth and, with divine malice, transformed into a gnome, inside it
He concealed gold and gems to make us go mad …
Antecedent 2) True artists are not dreamers, as many people believe. They are terrible realists.
They do not convey reality into a dream, they convey a dream into reality …
1) An architect is qualified to do many things: paint, model, create scenic settings, design objects.
They are not diversions, everything that a human being does is always on the same plane …
In everything there is always the same mental process and the same hand, there is always the same artist.
2) Beautiful material is the same for all. But few have the gift of creating beauty with modest material.
So beautiful material does not exist. What exists is the right material.
3) … functionality is something implicit, never an end in itself. It is an end in itself, and has a limit, only
in the works of engineers … (a design) that functions and does no more than that "is still not beautiful"
and does not work completely. It works completely if it is beautiful. Then it goes on working for ever …

Gio Ponti, 1957

While not wishing to reopen the age-old issue of what design is and what the areas of action of the designer are, we must recognize that there are operative areas reserved exclusively for designers and others to which one comes by other paths. Jewelry is certainly the most striking example of this second situation: jewels in jeweler's shops, artist jewelry, ceremonial jewelry, bijouterie, and even piercing and tattooing … Jewelry as a diffuse entity, but also more than that: jewelry as a non-temporal entity. Setting out from the observation that there are naked people but not people who do not decorate themselves, anthropologists have come to the conclusion that decoration of the body is the oldest form of clothing. In the past as in the present, designs "about the body", that is, designs intended to construct our corporeal space. In two senses: the first, hetero-referenced, seeks to emphasize an aspect of social identification; the second, self-referenced, indicates the narcissistic dimension and the need for reassurance. Contemporary man, tattooed and bejeweled, a slave to make-up and cosmetic surgery, often half-stripped, encounters and recognizes primitive man in the dimension of nudity and the decoration of the body. In him he sees similar needs for differentiation and identification, for apotropaic protection and sexual invitation. And so enormous symbolic values revolve "around the body", and therefore enormous interests. Different specialists doggedly go on "about the body", including the people who design jewelry, who in turn include designers. What might identify the work of this latter group? We find that the approach of designers, obviously far removed from the world of ordinary production, falls in line symptomatically with the approach of artists. Above all, in considering jewelry simply as one of the possible scales of intervention, one of the possible means of expression. And hence in strongly sensing the formal continuity that connects the various manifestations of a creative mind. In other words, in proceeding in accordance with an unrestrainable personal need that sets aside characteristics such as value, marketability, and even wearability. The function of the artist (in which term we deliberately include artists tout court and designers) is confirmed as being that of the trailblazer, the arouser of awareness. To him we confide the mission of "going beyond" which contingency and custom sometimes make us forget to pursue ourselves. Going beyond convention, going beyond good taste, going beyond jewelry.

Le Corbusier La mano aperta, La main ouverte 1963

Alba Cappellieri

Dal Post Modern al New Sensual:
il gioiello tra design, arte e moda

Com'è difficile progettare un gioiello, questo piccolo, terribile oggetto! Il gioiello è un pezzo del corpo di chi lo indossa, ne diviene parte, lo enfatizza, lo isola, lo penetra, lo raggira ... La difficoltà di Alessandro Mendini è condivisa dai numerosi architetti e industrial designer che hanno affrontato il progetto di questo "piccolo, terribile oggetto" dalla fine degli anni Sessanta a oggi. Eppure tutti, da Portoghesi ai Bouroullec, da Sottsass a Newson si confrontano quotidianamente con scale diverse: dall'architettura all'arredo, concedendosi incursioni rapsodiche che vanno dal macro di un edificio o di un aereo al micro di una sedia o di uno spazzolino. Esiste, dunque, una specificità nel progetto del gioiello? Quali competenze, discipline o saperi investe?

L'ambiguità nasce dalla mutevolezza simbolica, sociale e artistica del gioiello: investimento o amuleto, simbolo di status o accessorio moda, scultura o ornamento, e così via in un intreccio serrato di ambiti e finalità. Il gioiello stabilisce nessi tra il mondo esterno che è quello del sistema delle merci, del commercio, delle relazioni sociali e quello intimo dell'identità di ogni individuo, i suoi desideri, i suoi sogni, la sua immagine. Un'analisi del gioiello, consente, quindi, slittamenti di contesto e investe ambiti disciplinari eterogenei: design, architettura, pittura, scultura, arti decorative, antropologia, moda, sociologia, e l'elenco potrebbe continuare. In tale pluralismo disciplinare emergono innesti tematici insoliti. È il caso, ad esempio, della poetica - ma poverissima - collana in pvc di Konstantin Grcic che dialoga con il non meno poetico - ma costosissimo - collier di Cartier e con il gioioso girocollo in ferro e rame di Riccardo Dalisi o le micromacchine cinetiche di Michele De Lucchi, invitando al confronto con inattese corrispondenze o efficaci divergenze.

Il gioiello degli architetti è distinto dal gioiello d'artista, di orafo, dal gioiello di moda, dal pezzo unico e da quello di serie. Tutti designer, in inglese, ovvero progettisti, seppure afferenti ad ambiti merceologici differenti: quello dell'architettura, del furniture, della gioielleria, della moda. Una trincea progettuale tra le diverse competenze è, o meglio dovrebbe essere, rappresentata dal target produttivo: pezzo unico o produzione in serie? L'attività progettuale degli industrial designer è generalmente rivolta alla produzione industriale ma questo non sempre vale per il gioiello. Accanto a oggetti progettati per tecnologie industriali il - "Frame" di Wettestein, i moduli della Frattini Magnusson o le catene della "Gran Prix" di Grcic - la maggior parte degli architetti propone pezzi unici o in serie limitata (e non soltanto per un'espressa volontà del produttore!) che li

accomuna agli artisti e ai jewelry designer. I gioielli degli architetti della collezione Cleto Munari sono delle sculture che inseguono la forza del segno più che l'incontro con il corpo, mentre la serialità come potenzialità progettuale attraversa la ricerca di jewelry designer come Mario Pinton e Giampaolo Babetto ma anche quella degli stilisti di Gucci o Chanel e di aziende come Bulgari, Cartier e Damiani. Quello che cambia sono i riferimenti culturali, estetici, emozionali, materici indagati, la loro applicazione e la consequente risposta del mercato.

L'esigenza metodologica da cui si è partiti è stata ridurre la complessità dell'argomento a invarianti che, per analogia o dissonanza, siano presenti alle diverse latitudini del pianeta gioiello. La forma, il corpo, la materia, il decoro e il numero, sono le invarianti grazie a cui è possibile mettere in evidenza gli elementi di continuità o, viceversa, di rottura nelle diverse competenze progettuali.

Forma "Il linguaggio dei miei gioielli - sostiene Richard Meier - è un linguaggio architettonico che riguarda la forma. È un linguaggio più preoccupato di problemi spaziali che simbolici." La forma è il fil rouge che si snoda sinuoso in mondi concettualmente distanti quali la moda, l'arte, il design e l'industria. Il gioiello inteso come ricerca formale contraddistingue soprattutto la produzione degli architetti degli anni Ottanta. Nel 1984 Cleto Munari invita l'empireo dell'architettura contemporanea a progettare gioielli. È il debutto del Post Modern in gioielleria o, come afferma Barbara Radice, "il primo vero aggiornamento figurativo della gioielleria come arte applicata dagli anni '20-'30". Le facciate della strada Novissima di Paolo Portoghesi si miniaturizzano in splendidi anelli e le colonne ioniche degli edifici di Stanley Tigerman giacciono languide in anelli pensati per due dita. Nel gioiello si preferisce la forza volumetrica alla "vestibilità", il corrispettivo della "funzionalità" in architettura. È questo uno degli elementi di maggiore sorpresa. La forma si libera dalla funzione per divenire segno.

Per gli architetti di Cleto Munari il progetto di un gioiello è un passaggio di scala, la trasposizione del proprio linguaggio formale da un edificio a un gioiello secondo un'autocitazione che altri ambiti non sempre consentono. Illuminanti a tal proposito sono le affermazioni di Peter Eisenman, "I miei gioielli sono la mia architettura. Non sono in alcun modo diversi dalla mia architettura". Come le sue architetture i gioielli di Peter Eisenman sono stratificazioni dinamiche di geometrie mentre quelli di Arata Isozaki "sono modelli di architettura.Tutto quello che faccio è vicino alla

mia architettura. Ho usato volte, cubi, piramidi, ogni tanto cilindri. Sono volumi architettonici". Altrettanto esplicito è Paolo Portoghesi: "I miei gioielli sono microarchitetture, archetipi di architetture antiche un po' sacrali. Ho affrontato il tema della casa così come lo fanno i bambini". Se nei gioielli Portoghesi riduce la scala delle sue facciate, Ettore Sottsass indaga i cromatismi e le sovrapposizioni di volumi e geometrie come ha fatto per Memphis. I meravigliosi gioielli di Sottsass sono, come lui stesso afferma, "più o meno la riproduzione di quello che penso si possa fare in architettura: esercizi formali di composizione architettonica". Il processo che Eisenman ha definito "un continuum progressivo dall'anello al palazzo" vale anche per gli artisti. I gioielli di Melotti, Consagra, Basaldella, Accardi e persino Alviani riproducono in oro l'indagine formale avviata in pittura e scultura facendo dei gioielli sculture in miniatura. Il processo di miniaturizzazione del proprio codice formale perseguito da architetti e artisti si riscontra anche in alcuni designer. La serie "Cloud" di Ronan ed Erwan Bouroullec riproduce una poetica formale indagata nei loro oggetti, così come l'orecchino pieghevole di Ron Arad è la miniaturizzazione di una sua seduta e "Orgone", la serie di Marc Newson, ripropone le forme sinuose, i colori decisi e la plasticità dei suoi oggetti. Altri designer non ripropongono elementi formali ma un metodo di approccio al progetto che caratterizza la loro esperienza, come dimostra l'ironico "Triller", l'anello fischietto di Hannes Wettestein. L'indagine progettuale sulla catena, una tipologia propria della tradizione orafa, ha impegnato designer come Konstantin Grcic con la serie "Gran Prix", Matali Crasset che gioca sul simbolo dell'infinito per le maglie della sua "Loop", Afra Bianchin Scarpa con la sezione quadrata della "Hokusai", e Sebastian Bergne che, con una trasposizione tipologica, riduce la catena a due anelli per esplorare nel "Twin Ring" usi multipli.

Operazione del resto già affermata, alla fine degli anni Sessanta, da Gijs Bakker con il suo "Everybody's friend Ring" o più di recente da Marcel Wanders. Ma la catena è anche la matrice formale del "Trinity" di Cartier, un best seller della maison francese. Altra forma caratteristica è la croce che, sebbene connotata da significati religiosi, viene declinata secondo i parametri tradizionali nella versione preziosa di Damiani oppure segnala la sperimentazione, materica e formale. della bacchetta in pvc rosso di Emilio Nanni che ruota di 90° e diviene una croce. Di particolare interesse negli esercizi di Manolo De Giorgi o nelle superfici di Rolf Sachs è la rappresentazione dei metalli che si solidificano come un cristallo di rocca nei driedi di De Giorgi o si stendono docili nelle lastre dello "Strip bracelet" di Sachs. Il riferimento alla geometria e ai sistemi reticolari caratterizza i progetti di Tom Dixon, Uwe Fischer e Harri Koshinen

mentre le contorsioni del filo piegato o della lastra d'oro conformano i progetti arcaici di Axel Kufus, quelli minimalisti di Shin e Tomoko Azumi, i graffiti di Benedetta Miralles Tagliabue e la splendida gorgiera di Lella Vignelli.

Corpo Al di là della loro funzione simbolico-ornamentale, i gioielli sono oggetti che lavorano sul corpo, interagiscono con i movimenti e possono valorizzarne alcune parti. Ciò nonostante la funzionalità o l'ergonomia sono componenti che raramente vengono prese in considerazione nel gioiello di design. La gravezza o la fragilità, l'indifferenza ai movimenti articolari o alla morfologia umana, non costituiscono di per sé alcuna preoccupazione, anzi si direbbe che l'opulenza degli ornamenti e la particolarità di chi li possiede siano direttamente proporzionali alla difficoltà di portarli. È molto chiaro al riguardo Peter Eisenman per cui la scala dei gioielli "non deriva da quella di una persona" o Alessandro Mendini che disegna gioielli "in modo astratto, indipendentemente dalla presenza di un corpo." Se un designer attento e sensibile come Mendini progetta "pendenti come se fossero in una teca più che addosso" ciò risponde a un indirizzo progettuale molto chiaro: il gioiello ha una valenza decorativa a sé stante, che esula dal corpo che lo indossa e dal contorno che lo accompagna. Un approccio opposto contraddistingue i gioielli di Mario Bellini, citazioni tra storia e anatomia, ove il corpo viene considerato nella sua meccanica. Per Bellini "i gioielli sono dei catalizzatori della bellezza del corpo. Evidenziano la mobilità, la struttura. Ho ripensato il corpo della donna in modo nuovo, con più curiosità". Il corpo è una componente determinante per i jewelry designer, come dimostrano, ad esempio, i lavori di Mario Pinton e Giampaolo Babetto, per cui il corpo diviene linea guida del progetto, una linea percorsa al limite dell'astrazione. È il caso dell'anello da mignolo del 1993: un ufo cui manca un pezzo, quello che serve per accogliere l'anulare che diviene cosi' elemento progettuale. Per il tedesco Gerd Rothmann il corpo diviene impronta digitale, segno di distinzione ma anche motivo decorativo. Rothmann gioca sulla personalizzazione di alcune parti del corpo, il naso, il tallone, le dita, per caricare il gioiello di valori affettivi ed estetici. Alla celebrazione del corpo di Rothmann fa eco l'ironia irridente dell'"Headband" dei fratelli Bouroullec: una tiara-cerchietto per illuminare la testa con riflessi heavymetal. Più pacata e familiare è la ricerca di Eugenia Muratori, i cui orecchini coprono l'orecchio, assecondandone l'anatomia con curve sinuose, per poi rivelarlo nella sua interezza.

Materia La statura dei veri artisti sa trarre alchemicamente dalla materia – "anche la più ripugnante", come scrive Jung – la quintessenza, l'oro, la bellezza. La materia plasma i gioielli, ne condiziona la forma e l'utilizzo. Li connota, lasciando tracce e caratteristiche. Non è un caso che il lavoro sulla materia più innovativo venga dai jewelry designer che conoscono appieno la natura dei materiali e delle tecniche. Se gli abbinamenti colorati di Sottsass e De Lucchi sono espressione di una sensibilità cromatica che il variegato mondo delle pietre riesce a esprimere con grande forza, i bracciali in oro crudo di Babetto, lastre sagomate a mano, si caratterizzano per l'elasticità retrattile che ne consente l'apertura senza meccanismi, così come il recupero della tecnica antichissima del niello permette di dare maggior risalto alla tridimensionalità della superficie esposta. La materia distingue il gioiello dall'ornamento: preziosa per il primo, comune per i secondi. Alcuni designer rinnegano la rarità delle pietre e la preziosità dei metalli per soffermarsi su materie e tecniche prese a prestito da altre discipline o, comunque, da altri usi. È il caso, tra gli altri, di Riccardo Dalisi che adotta il ferro e la ghisa ma anche del pvc del girocollo "Moonwalk" di Konstantin Grcic, del plexiglas del bracciale "Circle in Circle" di Gijs Bakker o della carta telata bagnata nell'oro di Nathalie Jean. Si tratta di sperimentazioni concettuali che insistono sull'adozione di materie e tecniche nuove per conoscere e introdurre varianti d'uso e di consumo del gioiello. In un settore come quello dell'oreficeria dove le regole sono immutate nei secoli, innovare vuol dire proporre una nuova fruizione dell'oggetto.

Decoro Sondare l'anima di un materiale, portarlo al limite estremo o, al contrario, assecondarne la natura, seguirlo nelle sue metamorfosi. Il decoro è l'adeguatezza della forma al contenuto, l'aspetto che si ottiene quando ogni elemento è stato ben progettato ed è conforme alla natura. Il decoro non è applicazione posticcia o sterile decorativismo, ma ricerca, paziente e tenace. È, come sostiene Mendini, "la profondità del superficiale, un'esibizione di massa, un caos controllato, dove la vita si propone su quel fronte che il mondo razionale ha negato." La spilla "Ombra" di Marta Laudani è costituita da una trama leggera ed intercambiabile che si sovrappone a un piano. Analoga delicatezza si ritrova nei gioielli di Patricia Urquiola e Giovanna Talocci. Le sfere d'argento della collana "Pompon" della Urquiola raccontano della "nostalgia delle maglie basche di lana dove i ponpon vengono usati come chiusura" mentre "Twins", la collana sciarpa della Talocci, nasce "dall'idea di rendere il gioiello parte integrante dell'abito che si indossa, o meglio, elemento

dell'abito stesso senza limitarlo alla sola qualità di accessorio complementare." La Talocci, la Laudani e la Urquiola sono attente alla gestualità e alla vestibilità del gioiello, ma anche alla sua interazione con gli abiti. È questa un'attenzione progettuale alquanto insolita nel progetto del gioiello di design, ma forse non è un caso che tale sollecitazione venga da tre progettiste donne. Lavorare sul decoro dell'alternanza dei pieni e dei vuoti è la grammatica dei pendenti di Alessandro Mendini per Cleto Munari e per Daichi, dove gli incastri, le successioni di fili sottili con volumi pieni, generano emozionanti figure oniriche. Più regolari sono i gioielli di Franco Albini e Franca Helg: i loro studi sulla combinazione e reiterazione dell'elemento triangolo, applicato alle diverse tipologie di oggetti, rappresenta un contributo determinante al gioiello di design. Anche i gioielli di Afra e Tobia Scarpa insistono sulla ripetizione di forme semplici: sfere, triangoli e cilindri. Le loro collane per SanLorenzo sono divenute classici per la semplicità degli elementi decorativi ove è evidente il riferimento alle tradizioni del gioiello popolare. Se Albini trae dalle forme euclidee la sua ispirazione, Bruno Munari si rifà ai segni zodiacali e alla varietà della simbologia astrologica.

Numero Il numero è un'invariante di progetto strettamente legata alle condizioni esterne: la committenza, i materiali, le tecnologie, i sistemi produttivi. Progettare un pezzo unico è cosa ben diversa dal progettare in serie. Cambiano gli strumenti, i materiali, le tecniche ma soprattutto gli obiettivi. L'unicità del gioiello ha, infatti, un risvolto sociologico che proietta il gioiello nell'estetica della distinzione. Il gioiello tradizionalmente rappresenta un indicatore sociale di status, ricchezza e potere: abiti sontuosi, gioielli preziosi, ornamenti costosi da sempre forniscono indicazioni su chi li indossa. Inevitabile da ciò l'estensione alla moda che, nella costruzione dell'identità visibile, fa rientrare il gioiello nelle interpretazioni psicologiche e sociali del vestire. Se, come sostiene Roland Barthes, "la moda gioca col tema più grave della coscienza umana: chi sono?" allora il gioiello ne diviene uno degli elementi fondativi e, in quanto afferente alla sfera non della necessità ma del desiderio, va studiato a partire dalle relazioni, dalla rete degli scambi sociali che lo hanno prodotto. I collier di Bulgari, Cartier, Chanel o Damiani sono gioielli che traggono il proprio valore - estetico ed economico - dalla unicità delle pietre e dalla qualità esecutiva. Contrariamente ai gioielli di design la *Magnificent Jewelry,* quella dei pezzi unici, non vuole polemizzare ma illuminare e durare. Sono gioielli senza tempo, investimenti che esulano dalle mode e dalla

serialità e raccontano la sensibilità artistica di un periodo. Il "Trinity" di Cartier, così come la "Camelia" di Chanel sono gioielli di alta qualità che possono essere acquistati da un numero più ampio di consumatori. La storia del gioiello, l'evoluzione dal pezzo unico a quello di serie, può essere poi letta in relazione alla storia dei consumi. In Italia fino agli anni Cinquanta i gioielli sono appannaggio di pochi. È nel periodo del boom economico, negli anni Sessanta, che inizia ad affermarsi un'etica edonistica e consumistica, quella che Edgar Morin ha definito del *loisir*. Il desiderio di ornamentazione trova nel bijou, spesso riproduzione fedele di gioielli importanti, un sostituto di basso costo e alta scena. Con il crollo delle illusioni del '68 e, soprattutto con la crisi energetica del '73, il clima di effervescenza e di euforia consumistica cede il passo a una revisione valoriale del consumo introducendo un ritorno all'individualismo, all'economia domestica intesa come etica del risparmio e del sacrificio familiare. Gli anni Ottanta vedono il superamento dell'austerity e soprattutto sanciscono la nascita del brand come valore aggiunto all'acquisto. La febbre dei consumi per oggetti "firmati" si estende a tutte le categorie merceologiche, gioielli inclusi, avviando un processo di "democratizzazione" del lusso attraverso accorte strategie di marketing e di brand extension. Il primo ad accorgersene nel mondo del lusso è Robert Hocq di Cartier, autentico visionario dell'evoluzione sociale, che nel 1973 nomina Alain Dominique Perrin direttore generale del "Must de Cartier" e inaugura una filosofia legata a nuove linee di prodotto - dai profumi alle penne, dagli orologi alle borse - che aprono il mercato della prestigiosa maison francese a un pubblico più ampio. In Italia la democratizzazione del lusso avviene con la fortunata linea "Bzerouno" di Bulgari, prodotti industriali dove la serialità degli elementi ne abbassa significativamente il costo. È una rivoluzione che riduce la soglia di acquisto del lusso e del brand, amplia il volume di affari e sancisce definitivamente la demarcazione tra la *jewelry* e la *Magnificent jewelry* vale a dire tra lusso tradizionale e lusso democratico. Negli anni Novanta, poi, il minimalismo, il low profile, l'understatement, si pongono come pilastri del lifestyle e dell'estetica della classe agiata, pur convivendo con scelte e consumi di lusso. Si rileva l'allargamento della base del mercato del lusso come riflesso del processo di de-moralizzazione atavicamente insito nel bene di lusso. In altre parole: non essendo più percepito come un comportamento da "ricchi" il consumo del lusso, e dei gioielli in primo luogo, si allarga enormemente, con incursioni, magari una tantum, anche di consumatori meno facoltosi.

In questo processo la moda mira ad assumere un ruolo ancora più determinante. L'interesse degli stilisti per il gioiello, Gucci e Chanel in primis, e, viceversa, dei designer per la moda, Pia Wallen e Martin Szekely tra gli altri, ha dimostrato come l'accessibilità psicologica del lusso abbia di fatto scardinato, come sostiene Giampaolo Fabris, l'omaggio imitativo della ristretta elitè che caratterizzava il modello di società piramidale. Il livellamento orizzontale dell'"era dell'accesso" ha ampliato il mercato del gioiello, generando un nuovo tipo di consumatore, quello postmoderno, i cui valori sono improntati all'edonismo e al raggiungimento di una felicità tutta terrena, intesa come sommatoria dei tanti piccoli piaceri da perseguire nella vita quotidiana.

From Post Modern to New Sensualism: Jewelry in Design, Art and Fashion.

How hard it is to design a jewel, that terrible little object! A jewel is a piece of the body of the person who wears it, forming part of it, emphasizing it, isolating it, penetrating it, encircling it ... Alessandro Mendini's difficulty is shared by many architects and industrial designers who have tackled the design of the "terrible little object" between the late sixties and the present day. But all of them, from Portoghesi to the Bouroullecs and from Sottsass to Newson, pit themselves against different scales every day, from architecture to equipment, allowing themselves rhapsodic incursions that range from the macro of a building or an aircraft to the micro of a chair or a small brush. So does jewelry design have any specificity? With what competences, disciplines or knowledge is it invested? The ambiguity arises from the symbolic, social, and artistic mutability of jewelry – investment or amulet, status symbol or fashion accessory, sculpture or ornament, and so on, in a bright, variegated tangle of settings and purposes. Jewelry establishes connections between the external world, the world of markets and commerce and social relations, and the intimate world of the identity of each individual, of a person's desires and dreams, of one's image of oneself. An analysis of jewelry, therefore, provides the possibility of shifts of context and invests heterogeneous disciplinary fields:

design, architecture, painting, sculpture, decorative arts, anthropology, fashion, sociology … and the list could go on and on. Unusual thematic transplants emerge from this disciplinary pluralism, such as those offered in the exhibition, where Konstantin Grcic's poetic PVC necklace engages in a dialogue with the no less poetic Cartier collier, and with Riccardo Dalisi's jubilant iron and copper choker or Michele De Lucchi's kinetic sculptures, inviting a confrontation with unexpected correspondences or effective divergences. Architect jewelry is different from artist jewelry, and from jewelry designer jewelry, fashion jewelry, pièce unique jewelry, and serially produced jewelry. All created by designers, although associated with different market sectors: furniture, jewelry, fashion, and art. A dividing line between the different domains of design is, or rather should be, represented by the production target: unique item or mass production? The activity of industrial designers is generally aimed at industrial production, but that is not always true for jewelry. Alongside objects designed by means of industrial technologies – Wettstein's "Frame", Frattini Magnusson's modules, or Grcic's "Gran Prix" chains – most architects offer unique items or limited series (and not just because of the maker's express wish!), which is something they have in common with artists and jewelry designers. The jewelry of the architects in the Cleto Munari collection consists of sculptures that pursue the power of the sign rather than the encounter with the body, whereas serial production as the starting point for design pervades the investigations of jewelry designers such as Mario Pinton and Giampaolo Babetto, and also stylists such as Gucci and Chanel, and companies such as Bulgari, Cartier and Damiani. The aspects that change are the cultural, esthetic, emotional and material references that are investigated, their application and the resulting market response. The characterization of the exempla responds to a methodological requirement, that of reducing the complexity of the subject matter in search of invariants that, by analogy or dissonance, are present in the various latitudes of the jewelry world. Form, the body, matter, decoration, and number are the five invariants that reveal the elements of continuity or, instead, of rupture in the different domains of design.

Form "The language of my jewelry is an architectural language that has to do with form," says Richard Meier. "It is a language more concerned with spatial problems than with symbolic problems." Form is the linking strand that twines sinuously between conceptually distant worlds

such as fashion, art, design, and industry. The understanding of jewelry as an exploration of form is something that particularly distinguished the work of architects of the eighties. In 1984 Cleto Munari invited the empyrean of contemporary architecture to design jewelry. This was the debut of Postmodernism in jewelry or, as Barbara Radice says, "the first real figurative revision of jewelry as applied art since the twenties and thirties." Paolo Portoghesi's façades in the Strada Nuovissima were miniaturized into splendid rings, and the ionic columns of Stanley Tigerman's buildings lay languidly in rings conceived for two fingers. In jewelry there was a preference for volumetric power rather than "wearability," the equivalent of "functionality" in architecture. This was one of the most surprising features. Form was freed from function and became sign. For Cleto Munari's architects, designing jewelry was a change in scale, a transposition of their own formal language from a building to a jewel. Peter Eisenman's remarks on this point are enlightening: "My jewels are my architecture. They are not different from my architecture in any way." Like his architecture, Peter Eisenman's jewels are dynamic stratifications of geometry, whereas Arata Isozaki's jewels "are models of architecture. Everything I do is close to my architecture. I've used vaults, cubes, pyramids, and sometimes cylinders. They are architectural volumes". Portoghesi is equally explicit: "My jewels are microarchitecture, archetypes of rather solemn ancient architecture. I've tackled the theme of the house just as children do". If Portoghesi reduces the scale of his façades in his jewelry, Sottsass explores the chromaticity and superimposition of volumes and geometries, as he did for Memphis. Sottsass wonderful jewels are, as he himself has said, "more or less a reproduction of what I think can be done in architecture, formal exercises in architectural composition". The process that Eisenman has defined as "a progressive continuum from ring to palace" is also true for artists. The jewelry created by Afro, Melotti, Consagra, and Alviani is a reproduction in gold of the investigation begun in painting and sculpture, making jewels into miniature sculptures. The process of miniaturization of the formal code pursued by architects and artists can also be found in industrial designers. The "Cloud" series by Ronan and Erwan Bouroullec reproduces a formal poetics investigated in design objects, in the same way that Ron Arad's folding earring is a miniaturization of a seat. The jewels created by Hannes Wettstein and Marc Newson do not repropose formal elements but reveal a method for approaching design that characterizes their experience. Hence the ironic "Triller", Wettstein's ring-cum-whistle, and "Orgone", Marc Newson's series with sinuous shapes and cogent colors. Exploration of the design of

the chain, a religious form characteristic of the goldsmith's esthetics, has provided an impulse for designers such as Konstantin Grcic with the Gran Prix series, Matali Crasset, who plays with the symbol for infinity in the meshes of her "Loop", Afra Bianchin Scarpa and her beautiful "Hokusai" chain with its square cross-section, and Sebastian Bergne, who reduced the chain to just two links in order to explore a host of uses of the "Twin Ring". An operation that was also explored in the late sixties by Gijs Bakker with his "Every Body's Friend ring". But the chain is also the formal origin of Cartier's "Trinity", a bestseller of contemporary jewelry. Another characteristic form is the cross, declined in accordance with traditional parameters in Damiani's exquisite version, or in terms of interchangeability in Emilio Nanni's red PVC rod, which can swivel through 90° to become a cross. There are particularly interesting exercises by Manolo De Giorgi and Rolf Sachs concerning the representation of metals, which solidify like rock crystal in the case of De Giorgi's dihedra, or extend docilely in the plates of Sachs's "Strip bracelet". A reference to geometry and reticular systems characterizes designs by Tom Dixon, Uwe Fischer, and Harri Koskinen, whereas contortions of twisted wire or gold plates shape Axel Kufus's archaic designs, Shin and Tomoko Azumi's minimalist work, Benedetta Miralles Tagliabue's graffiti, and Lella Vignelli's splendid "Seicento ruff".

Body Beyond their symbolic-ornamental function, jewels are objects that work on the body, they interact with its movements and can enhance its elements. Nevertheless, functionality or ergonomics are components that are rarely taken into account in designing jewels. Their weightiness or fragility and their indifference to the articular movements or morphology of the human being do not constitute a concern in themselves, rather one might say that the opulence of ornaments and the wealth of those who possess them are directly proportional to the difficulty of wearing them. This is made very clear by Peter Eisenman, for whom the scale of his jewelry "does not derive from that of a person," or by Alessandro Mendini, who has designed jewels "in an abstract way, independently of the presence of a body." If an alert, sensitive designer like Mendini designs "pendants as if they were in a casket rather than being worn," it is a response to a very clear tendency in design: jewelry has a decorative value in itself, which goes beyond the body wearing it and the setting that accompanies it. A different approach distinguishes Mario Bellini's jewelry, quotations between history and anatomy in which the body appears in its mechanics and the articulations between bracelet and rings are those of

the wrist. For Bellini, "my jewels are catalyzers of the beauty of the body. They bring out mobility and structure. I have rethought the woman's body in a new way, with more curiosity". The body is a decisive component for jewelry designers, as is shown by the pieces by Pinton and Babetto, for whom the body becomes a guiding line in design, pursued to the limit of abstraction. Such is the case with the 1993 ring for the little finger: a UFO with a piece missing, a piece that serves to accommodate the ring finger, so that the ring is conceived in terms of the body. For the German designer Gerd Rothmann the body becomes a fingerprint, a distinguishing sign but also a decorative motif. Rothmann plays on the personalization of certain parts of the body, the nose, heel or fingers, loading jewelry with affective and esthetic values. Rothmann's celebration of the body is echoed by the Bouroullec brothers' mocking "Headband": a ring-shaped tiara to light up the head with glints of heavy metal. A calmer course is followed by Eugenia Muratori, whose handsome earrings reveal the ear in its entirety, echoing the anatomy with their sinuous curves.

Matter The stature of true artists knows how to achieve the alchemical transformation of matter – "even the most repugnant," as Jung writes – into quintessence, gold or beauty. Matter gives jewelry its physical being, conditioning its form and use. It confers associations, leaving traces and characteristics. It is no accident that the most innovative work with matter comes from jewelry designers who are fully acquainted with the nature of the goldsmith's materials and techniques. If the color combinations created by Sottsass and De Lucchi are the expression of a chromatic sensibility that the variegated world of hard stones succeeds in evincing very powerfully, Babetto's raw gold bracelets, plates cut out by hand, are characterized by the retractile elasticity that enables them to open without mechanisms, in the same way that the recovery of the very ancient technique of nielloing is reinterpreted to give greater emphasis to the three-dimensionality of the exposed surface. The material distinguishes the jewel from the ornament: precious for the former, common for the latter. Some designers reject the rarity of stones and the preciousness of metals in order to devote themselves to materials and techniques taken from other disciplines, or at any rate from other uses. This is the case with, among others, Riccardo Dalisi, who uses iron and cast-iron, but there is also the PVC in Konstantin Grcic's "Moonwalk" necklace, the Plexiglas in Gijs Bakker's "Circle in Circle" bracelet, or the canvas paper in Nathalie Jean's attractive necklace. These are

conceptual experimentations that insist on the adoption of new materials and techniques in order to become acquainted and introduce variants in the use and consumption of jewelry. In a sector such as that of the goldsmith's craft, where techniques and materials have remained unchanged for centuries, innovating involves proposing a new enjoyment of the object.

Decoration Sounding out the soul of a material, taking it to the furthest limits or, on the other hand, going along with its nature, following it in its metamorphoses. Decoration is not sham application or sterile decorativism but patient, tenacious investigation. It is, as Mendini maintains, "the profundity of the superficial, a display for the masses, controlled chaos, where life is proposed on a front that the rational world has disowned". The filled and empty spaces of the "Ombra" brooch by Marta Laudani marked out by the gold strands engage in dialogue with the texture on which they are placed, creating a kind of continuity. Similar considerations characterize the jewelry of Patricia Urquiola and Giovanna Talocci. The silver spheres in Urquiola's "Pompon" necklace are "nostalgia for the Basque wool jersey, where a pompom or bobble is used as a fastener," whereas "Twins", Talocci's scarf necklace, comes "from the idea of making jewelry an integral part of the clothing one wears, or rather, an item of clothing in itself, without limiting it simply to the status of a complementary accessory." Talocci, Laudani, and Urquiola are alert to the gesturalism and mobility that are involved in jewelry, but also to its interaction with clothing. This is a rather unusual focus in the creation of designer jewelry, but perhaps it is no accident that these proposals come from three female designers. This work on the decoration of full and empty areas reappears in Alessandro Mendini's pendants for Cleto Munari and Daichi, where the connections, alternations of slender strands with filled volumes, generate extremely exciting dreamlike figures. More regular and familiar is the jewelry of Franco Albini and Franca Helg, among the first designers to create jewelry, together with Ettore Sottsass. Their studies on the combination and reiteration of the triangle, applied to the various typologies of object, represent a decisive contribution to designer jewelry. And the jewelry created by Afra and Tobia Scarpa insists on the repetition of spheres, triangles, and cylinders. Their necklaces for San Lorenzo have become classics of designer jewelry precisely because of the simplicity of their decorative elements. If the Scarpas draw their inspiration from Euclidean forms, Bruno Munari turns to signs of the zodiac.

Number Number is a fixed feature of design closely bound up with external conditions: commission, materials, technology, and production. Designing a unique item is something very different from designing for mass production. The instruments, materials, techniques, and objectives change. But the uniqueness of jewelry also has a sociological undercurrent, which associates jewelry with the aesthetics of distinction. In fact, jewelry is traditionally an indicator of social status, wealth and power. Sumptuous garments, precious jewels, and costly ornaments have always provided indications about their owners, even if dress code is no longer, as it was in antiquity, the prime element of distinction and social hierarchy, "the art of appearance that is then taken as a reflection of one's being". There is an inevitable extension to fashion, which, in the construction of visible identity, brings jewelry into the psychology and social interpretations of clothing. If, as Roland Barthes maintains, "fashion touches upon the most serious theme in human awareness: who am I?", then jewelry becomes one of the foundational elements and, as Pierre Bourdieu declares, it is bound up with fashion as a semiotics of distinction, and, inasmuch as it concerns the sphere not of necessity but of desire, it is studied on the basis of relations, the network of the social changes that have produced it. The necklaces produced by Bulgari, Cartier, Chanel, and Damiani are items of jewelry that draw their own value – esthetic and financial – from the uniqueness of the stones, the quality of the execution, and the delicacy of the lines. Unlike designer jewelry, *Magnificent jewelry* – the jewelry of unique items – does not set out to astonish but to enlighten and endure. These pieces are timeless, investments that stand apart from fashions and serial production and speak of the artistic sensibility of a period, as Cartier has done so marvelously, for example, with Art Deco. The same firms have also been selected for commercial production, either because of the unquestionable quality of their products or else to bring out the design difference determined by number. Cartier's "Trinity" and Chanel's "Camelia" are high-quality pieces that can be acquired by a greater number of consumers. The history of jewelry, the evolution from the unique item to commercial jewelry, can be read in relation to the history of consumption. In Italy, in the fifties, the problem of consumption was posed almost exclusively in terms of subsistence and jewelry was a prerogative of the few. It was in the period of the economic boom of the sixties that a hedonistic consumer ethic – what Edgar Morin defined as *loisir* – started to take hold. The desire for jewelry found a low-cost, high-impact substitute in bijouterie, often consisting of faithful reproductions of important pieces of jewelry. With the collapse of the illusions of

1968 and, above all, the energy crisis of 1973, the climate of consumer euphoria and effervescence gave way to a revision of values in consumption, introducing a return to individualism and to domestic economy understood as an ethics of family sacrifice and savings. The eighties brought victory over austerity, with a vertiginous resumption of voluptuary consumption, and they established the birth of the brand name as a value added to acquisition. The consumer fever for "signed" objects extended to all market categories, including jewelry, bringing about a process of "democratization" of luxury through shrewd marketing and brand extension strategies. The first to appreciate this in the world of luxury was Cartier with his president, Robert Hocq, an authentic pioneer of the social evolution, who launched in 1973 the "Must de Cartier" line that started a new era in the luxury consumption, followed ten years later by Bulgari's "Bzerouno", industrial products in which mass production of pieces brought about a significant reduction in costs. It was a revolution that lowered the threshold for the acquisition of luxury and brand names, expanding business volume and definitively establishing the demarcation between "jewelry" and "magnificent jewelry," that is, between traditional luxury and democratic luxury. In the nineties, minimalism, low profile, and understatement remained among the most solid pillars of the lifestyle and esthetics of the well-to-do class, although existing alongside the choice and consumption of luxury. There was a notable expansion of the mass basis of the luxury market as a reflection of the process of de-moralization atavistically inherent in luxury goods. In other words: no longer being perceived as behavior of the "wealthy," the consumption of luxury and particularly of jewelry expanded enormously, even including incursions by less well-off consumers, perhaps on an exceptional basis. Fashion has played a decisive part in this process. The interest in jewelry shown by stylists, with Gucci and Chanel first, and, on the other hand, the interest in fashion evinced by jewelry designers, Pia Wallen and Martin Szekely among others, have demonstrated how the psychological accessibility of luxury has, in fact, as Giampaolo Fabris maintains, done away with the imitative homage of the restricted elite that characterized the pyramid model of society. So it was until the horizontal leveling of the age of access has expanded the jewelry market, generating a new kind of consumer, the postmodern consumer, whose values are imbued with hedonism and the achievement of an all-purpose happiness, understood as the sum total of all the small pleasures pursued in ordinary life.

Il design della gioia

Il gioiello tra progetto e ornamento
Jewelry between Design and Ornament
Alba Cappellieri
Marco Romanelli

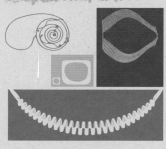

La mostra "Il design della gioia" si propone di evidenziare la specificità del gioiello di design rispetto al vasto mondo della gioielleria. In quest'ultimo afferiscono infatti, oltre ai settori tipici della produzione, categorie diverse quali il "gioiello d'artista", il "gioiello dei jewelry designer" (ovvero di chi, occupandosene in via costante ed esclusiva, adotta un approccio specialistico al tema) e il "gioiello pezzo unico". Nel gioiello pensato dai designer le componenti materiche, tecnologiche e persino formali non sono dettate né da un puro atto creativo, né da un'esigenza produttiva o di marketing, ma rappresentano piuttosto l'applicazione di un processo analogo a quello adottato, dagli stessi autori, ad altre scale progettuali (dal furniture al product design fino, a volte, all'architettura). Le opere esposte sono state quindi selezionate in quanto frutto del lavoro di creativi abituati a confrontarsi con il più ampio alveo della progettazione architettonica e del design. I rimandi a queste discipline, ovvero alla scala maggiore, vengono cristallizzati nei gioielli proposti, a volte attraverso un processo di auto-citazione, altre volte secondo rimandi più segreti. Sempre comunque sostituendo, come parametro di attribuzione del valore, le scelte progettuali alla tradizionale preziosità del materiale. Le opere presentate riassumono le recenti stagioni artistiche, suggeriscono analogie formali con architetture e mobili e invitano al confronto trasversale tra le diverse scale progettuali. Sul piano del linguaggio lo scontro generazionale – da Sottsass ai Bouroullec – giocato sui materiali e sulle tecniche, oltrechè sulla forma, si fa evidente, confermando l'alto valore simbolico, e quindi la relazione con la tendenza e il dibattito, insiti nell'atto stesso di decorare il corpo. Per contrappunto, e per chiarire il concetto di "gioiello di design", si è scelto di presentare cinque categorie esemplari – gioiello d'Artista, gioiello di Jewelry designer, gioiello Pièce Unique, gioiello di Fashion Designer, gioiello di Produzione – che evidenzino altri modi della gioielleria contemporanea e quindi segnalino differenze e analogie con il gioiello di design. Gli exempla hanno valore esplicativo, di esempio per l'appunto, e non intendono liquidare frettolosamente categorie e prassi consolidate ma, al contrario, aspirano a sottolinearne la fortissima trasversalità disciplinare dell'argomento. Design, architettura, scultura, arte decorativa, moda, ornamento, per non parlare di sociologia, psicologia, etnologia, si incontrano e si contaminano nel gioiello, ad un livello e in una proporzione sconosciute agli altri campi creativi. Il nostro interesse di progettisti deriva proprio dalla disinvoltura, apparentemente spensierata, con cui il gioiello attraversa territori lontani, li interseca lievemente, infrangendo le rigide trincee degli ambiti disciplinari e delle visioni monoculari che oggi fortemente penalizzano la scena progettuale.

✳ The exhibition *Jewelry and Design* sets out to reveal the specificity of designer jewelry with respect to the vast world of jewelry in general. In that world, in addition to the typical sectors of making jewelry, there are also categories such as "artist jewelry," "jewelry designer" (made by someone who adopts a specialist approach to the activity) and "pièce unique jewelry." The material, technological, and even formal elements of jewelry conceived by designers are not dictated by a purely creative act or by production or marketing requirements; rather, they represent the application of a process analogous to the process adopted by designers working on other scales (from furniture to product design and even architecture). The items exhibited have been selected, therefore, as being the outcome of the work of minds accustomed to competing in the broadest field of design and architectural planning. References to those disciplines, or to a grander scale, are crystallized in the jewelry presented, sometimes by a process of self-quotation, sometimes in accordance with more secret allusions. Yet always replacing the traditional costliness of the material with the choices imposed by design as the parameter for attributing value.

The works presented provide a résumé of recent artistic periods, suggesting formal analogies with architecture and furniture, and inviting cross-comparisons through different scales of design. On the plane of language there is a clear confrontation of generations – from Sottsass to the Bouroullecs – played out in terms of materials and techniques as well as form, confirming jewelry's high symbolic value, and hence its relationship with different trends and debates, inherent to the very act of decorating the body. By way of counterpoint, in order to clarify the concept of "jewelry designer," we have chosen to present five exemplary categories – jewelry by Artist, Jewelry Designer, Pièce Unique jewelry, Fashion Designer jewelry, and Production jewelry – to show other forms of contemporary jewelry and thus indicate differences and analogies with respect to designer jewelry. These exempla have explanatory value, serving precisely as examples, not seeking hasty elimination of established categories and practices but rather aspiring to emphasize the very strong cross-disciplinary connections in this area. Design, architecture, sculpture, decorative art, fashion, and ornaments, not to mention sociology, psychology, and ethnology, come together in jewelry and contaminate one another on a level and to an extent unknown in other fields of creativity. Our interest as designers comes precisely from the seemingly careless ease with which jewelry crosses distant territories breaking down the rigid barriers of disciplinary fields and monocular views that inflict their punishing presence on contemporary design.

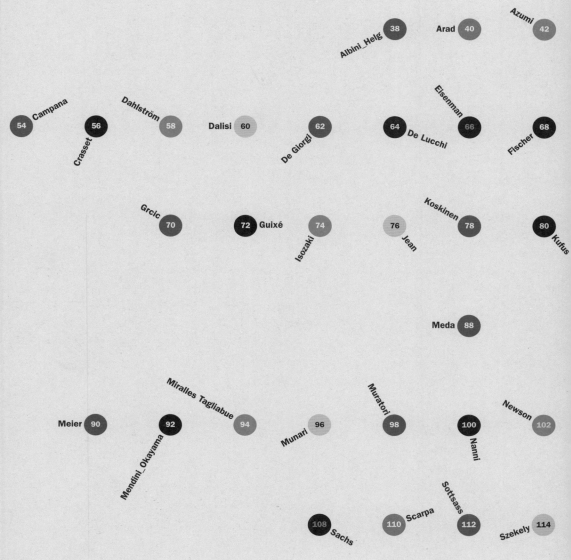

Albini_Helg 38
Arad 40
Azumi 42
Eisenman
Campana 54
Crasset 56
Dahlström 58
Dalisi 60
De Giorgi 62
De Lucchi 64
66
Fischer 68
Grcic 70
Guixé 72
Isozaki 74
76
Jean
Koskinen
78
Kufus 80
Meda 88
Miralles Tagliabue
Meier 90
Mendini_Okayama 92
94
Munari 96
Muratori 98
Nanni 100
Newson 102
Sachs 108
Scarpa 110
Sottsass 112
Szekely 114

Per lungo tempo il mondo del design *ha fatto finta* di non vedere i gioielli. Li ha relegati nel limbo dell'*ornamento*, nell'infamia del *pezzo unico*, nella gratuità del *decoro*, e li ha espunti da sé e dal proprio universo progettuale come tentazioni pericolose, come deviazioni eretiche, come indizi di quella "delittuosità" che l'austero Adolf Loos denunciava in ogni deragliamento del designer verso la sfera dell'ornamentale, del superfluo, dell'orpello. In realtà, la presunta antinomia fra gioiello e design è più frutto di un luogo comune (o, se vogliamo, di una pigrizia culturale, di un postulato ideologico, di una refrattarietà aprioristica all'idea stessa di *inutile*) che di un'oggettiva incompatibilità. Se il gioiello serve (ed è servito storicamente) a definire l'identità di chi lo indossa, risulta infatti molto discutibile il tentativo di relegarlo nella sfera del superfluo, a meno di non ritenere tutto ciò che è funzionale alla costruzione dell'identità meno utile o meno nobile di ciò che è funzionale al soddisfacimento dei bisogni "primari" del corpo. Di quello stesso corpo, per altro, che oltre a nutrirsi, sedersi, dormire e abitare da sempre fa progetti intorno a sé e alla propria immagine, e trova spesso proprio nei gioielli alcuni dei vocaboli più preziosi per costruire un linguaggio con cui cercare di *dirci cos'è, cosa vorrebbe essere, come vorrebbe apparire*.

Anche l'idea che il gioiello non sia compatibile con il design perché prigioniero dell'*idolatria del pezzo unico* e non replicabile (laddove il design è invece il regno della replica e della serie), è più il frutto di un pregiudizio che di un'obiettiva ed equilibrata osservazione dello stato delle cose. Se non altro perché c'è gioiello e gioiello (così come c'è poltrona e poltrona, anche dal punto di vista dei modi di produzione…): e se la tradizione vuole che il gioiello sia l'artefatto unico e virtuoso uscito dalla maestria artigianale di una bottega di orafi, tutta la modernità novecentesca – dal trionfo del *bijou* fino ai gioielli in serie recentemente prodotti da marchi prestigiosi e rinomati – è attraversata invece da numerosi e frequenti tentativi di replicare il pezzo unico, di democratizzarlo, di serializzarlo anche sul piano produttivo. Nel corso del Novecento il gioiello ha abbandonato cioè il suo rapporto

Credo che tu sia
l'unica al mondo
che stando
su un palcoscenico
con i riflettori
negli occhi
riesce a vedere
un brillante
nella tasca
di un uomo.

*I think you're
the only girl
in the world
who can stand
on a stage with
a spotlight
in her eye
and still see
a diamond inside
a man's pocket.

Jane Russell a Marilyn Monroe in
"Gli uomini preferiscono le bionde", 1953
Jane Russell to Marilyn Monroe in
"Gentlemen Prefer Blondes", 1953

Silvana Annicchiarico

Sull'utilità del superfluo.
Gioielli e design nella storia della Triennale

indice Index

il design della gioia

Il gioiello fra progetto e ornamento
Jewelry between design and ornament

a cura di edited by
Alba Cappellieri_Marco Romanelli

CHARTA

Franco Albini_Franca Helg

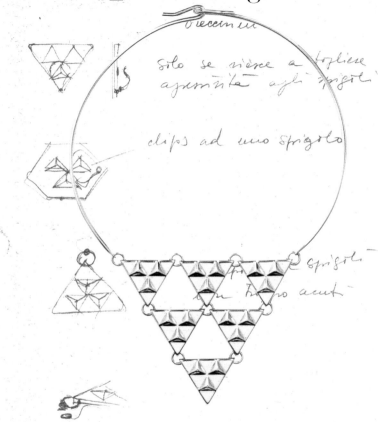

TIPOLOGIA "Triangoli", collezione composta da girocollo, bracciale e orecchini **ANNO** 1973 **PROVENIENZA** San Lorenzo, Milano
MATERIALE argento 925% **TECNICA** pezzi ottenuti mediante l'assemblaggio di elementi modulari di forma triangolare
PRODUTTORE San Lorenzo, Milano

TYPOLOGY "Triangle," collection composed of a necklace, bracelet and earrings **YEAR** 1973 **ORIGIN** San Lorenzo, Milano
MATERIAL silver 925% **TECHNIQUE** pieces obtained through the assembly of modular triangular elements
PRODUCER San Lorenzo, Milano

Ron Arad

TIPOLOGIA orecchino **ANNO** 1994 **PROVENIENZA** Collezione Marijke Studio, Gioiello d'Autore, Padova **MATERIALE** argento ossidato **TECNICA** orecchino pendente composto da 10 quadrati incernierati di cm. 1,5x1,5x1,5; citazione dello sgabello con cerniere "Cubo" progettato dallo stesso Arad **PRODUTTORE** prototipo sviluppato per Fondazione "Chi ha paura…?", Amsterdam

TIPOLOGIA "Hot Ingo", orecchino della collezione "Not Made by Hand Not Made in China" **ANNO** 2003 **PROVENIENZA** collezione privata, Londra **MATERIALE** poliammide, platino **TECNICA** spirale flessibile in poliammide, ottenuta per sinterizzazione selettiva laser; perno in platino. Trae ispirazione dalla lampada 'Hot Ingo' progettata, nel 2000, dallo stesso Arad **PRODUTTORE** Ron Arad Associati e Galleria Mourmans, Belgio (serie limitata)

TIPOLOGIA "SilverGold", collezione composta da anello e bracciale **ANNO** 2003 **PROVENIENZA** collezione privata, Londra **MATERIALE** lega di bronzo e acciaio placcati in platino **TECNICA** fascia, ottenuta per sinterizzazione selettiva laser ad alta risoluzione, che riproduce la trasformazione dalla parola silver alla parola gold **PRODUTTORE** Ron Arad Associati e Galleria Mourmans, Belgio (serie limitata). Speciale ringraziamento per la realizzazione a Eos Electro Optical Systems

TYPOLOGY earring **YEAR** 1994 **ORIGIN** Marijke Studio Collection, Gioiello d´Autore, Padova **MATERIAL** oxidized silver **TECHNIQUE** earring pendant composed of 10 zipped squares of cm. 1.5x1.5x1.5; referenced from the stool with zips, "Cubo", also created by Arad **PRODUCER** prototype developed for the "Chi ha paura…" Foundation, Amsterdam

TYPOLOGY "Hot Ingo", earring from the "Not Made by Hand Not Made in China" Collection **YEAR** 2003 **ORIGIN** Private collection, London **MATERIAL** polyamide, platinum **TECHNIQUE** flexible spiral in polyamide, made by selective laser sealing; platinum bolt. Inspired by the 'Hot Ingo' lamp also designed, in 2000, by Arad **PRODUCER** Ron Arad Associates and Galleria Mourmans, Belgium (limited edition)

TYPOLOGY "SilverGold", collection composed of a ring and bracelet **YEAR** 2003 **ORIGIN** Private collection, London **MATERIAL** platinum-plated bronze and steel binding **TECHNIQUE** band, obtained by high-resolution selective laser sealing, that duplicates the transformation from the word silver to the word gold **PRODUCER** Ron Arad Associates and Galleria Mourmans, Belgium (limited edition). Special thanks to Eos Electro Optical Systems

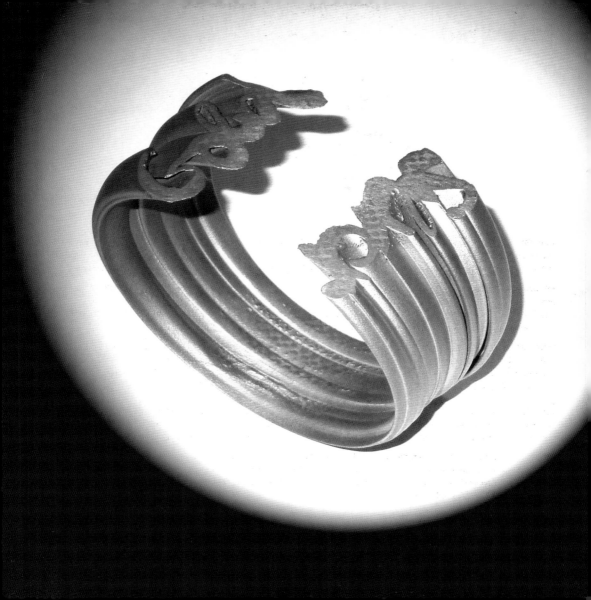

Shin_Tomoko Azumi

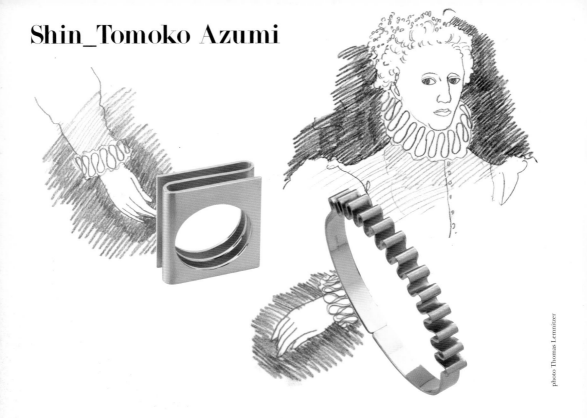

photo Thomas Lenmitzer

TIPOLOGIA "Elizabeth", collezione composta da girocollo, anello, orecchini e bracciale **ANNO** 2003 **PROVENIENZA** Biegel, Germania
MATERIALE oro giallo 750% (disponibile anche la versione in oro bianco, platino) **TECNICA** piegatura continua della lastra
PRODUTTORE Biegel, Germania

TYPOLOGY "Elizabeth", collection composed of necklace, ring, earrings and bracelet **YEAR** 2003 **ORIGIN** Biegel, Germany
MATERIAL yellow gold 750% (versions also available in gold white, platinum) **TECHNIQUE** continued folding of the plate
PRODUCER Biegel, Germany

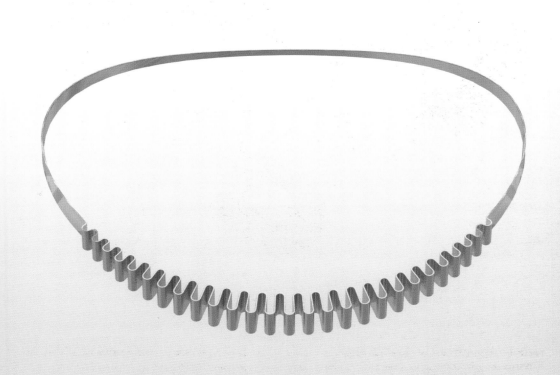

Gijs Bakker

TIPOLOGIA "Every Body's Friend", anello **ANNO** 1993 **PROVENIENZA** Museum of Contemporary Art's - Hertogenbosch/NL **MATERIALE** argento 925% (disponibile anche la versione in oro) **TECNICA** sei anelli di dimensioni standard concatenati tra loro permettono diverse possibilità di utilizzo **PRODUTTORE** Fondazione "Chi ha paura…?", Amsterdam

TIPOLOGIA "Circle in circle", bracciale **ANNO** 1967 **PROVENIENZA** Museum of Contemporary Art's - Hertogenbosch/NL **MATERIALE** perspex **TECNICA** perspex tagliato e formato per ospitare il braccio **PRODUTTORE** Fondazione "Chi ha paura…?", Amsterdam

TIPOLOGIA "Adam", girocollo **ANNO** 1988 **PROVENIENZA** Museum of Contemporary Art's - Hertogenbosch/NL **MATERIALE** ottone dorato e fotografia laminata in PVC **TECNICA** riproduzione laminata della 'Creazione di Adamo' di Michelangelo per la Cappella Sistina su girocollo rigido in ottone **PRODUTTORE** auto-produzione

TYPOLOGY "Every Body's Friend", ring **YEAR** 1993 **ORIGIN** Museum of Contemporary Art's - Hertogenbosch/NL **MATERIAL** silver 925% (available also in a gold version) **TECHNIQUE** six rings of standard dimension linked rings which permit various usage possibilities **PRODUCER** "Chi ha paura…" Foundation, Amsterdam

TYPOLOGY "Circle in circle", bracelet **YEAR** 1967 **ORIGIN** Museum of Contemporary Art's - Hertogenbosch/NL **MATERIAL** perspex **TECHNIQUE** perspex cut and shaped to fit the wrist **PRODUCER** "Chi ha paura…" Foundation, Amsterdam

TYPOLOGY "Adam", necklace **YEAR** 1988 **ORIGIN** Museum of Contemporary Art's - Hertogenbosch/NL **MATERIAL** gold-plated brass and PVC laminated photography **TECHNIQUE** laminated reproduction of the 'Creazione di Adamo' by Michelangelo for the Sistine Chapel on a rigid brass necklace **PRODUCER** made by the designer

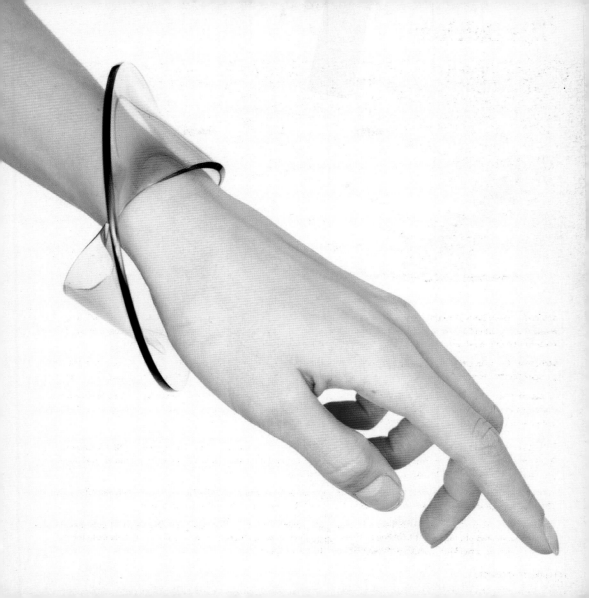

Mario Bellini

TIPOLOGIA orecchini (due modelli) da calzarsi sull'orecchio **ANNO** 1984-86 **PROVENIENZA** collezione privata, Milano **MATERIALE** oro 750% , argento, pietre semi-preziose **TECNICA** elemento ovoidale rigido con maglia morbida, sempre in oro 750%, contenente una sfera in pietra dura (primo modello); elemento ovoidale rigido in oro giallo e argento a coprire parzialmente l'orecchio (secondo modello) **PRODUTTORE** Cleto Munari, Italia

TIPOLOGIA girocollo (realizzato per la mostra "Progettare con l'Oro", Firenze, Palazzo Strozzi, dicembre 1979/gennaio 1980) **ANNO** 1979 **PROVENIENZA** collezione privata, Milano **MATERIALE** oro 750% e lapislazzulo **TECNICA** filo in oro giallo ritorto con, all'interno, una sfera in lapislazzulo passante su filo d'oro. E' stato realizzato anche il bracciale **PRODUTTORE** Faraone, Italia

TYPOLOGY earrings (two models) **YEAR** 1984-86 **ORIGIN** private collection, Milano **MATERIAL** gold 750%, semi-precious stones **TECHNIQUE** rigid oval with a soft chain, in gold 750%, and a hard stone sphere (first piece); rigid oval element in yellow gold and silver to cover part of the ear (second piece) **PRODUCER** Cleto Munari, Italy

TYPOLOGY necklace (created for the "Progettare con l'oro" exhibition, Firenze, Palazzo Strozzi, December 1979/January 1980) **YEAR** 1979 **ORIGIN** Private collection, Milano **MATERIAL** gold 750% and lapislazuli **TECHNIQUE** yellow gold thread twisted with a sphere in lapislazuli inside. Bracelet was also created **PRODUCER** Faraone, Italy

Sebastian Bergne

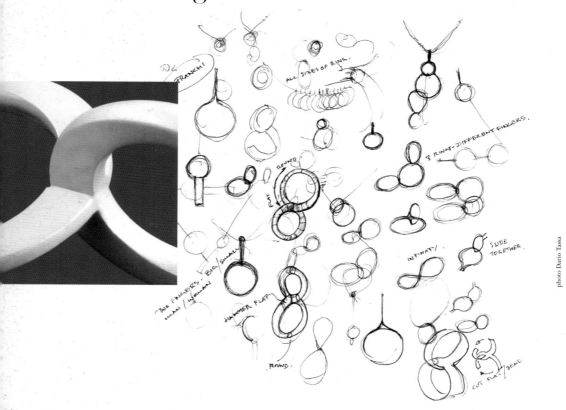

photo Dario Tassa

TIPOLOGIA "Twing-Ring", anello bivalente uomo-donna **ANNO** 2003 **PROVENIENZA** Franchi Argentieri, Roma **MATERIALE** argento 925% **TECNICA** filo in argento modellato con lima e martello, finitura lucida o bianco sabbiato **PRODUTTORE** Valadier, Roma (realizzazione Franchi Argentieri, Roma)

TYPOLOGY "Twing-Ring", unisex ring **YEAR** 2003 **ORIGIN** Franchi Argentieri, Rome **MATERIAL** silver 925% **TECHNIQUE** silver thread shaped by file and hammer, glossy finish or sanded white **PRODUCER** Valadier, Rome (realized by Franchi Argentieri, Rome)

Afra Bianchin Scarpa

photo Yoshie Nishikawa

TIPOLOGIA "Hokusai", collana **ANNO** 2003 **PROVENIENZA** San Lorenzo, Milano **MATERIALE** argento 950‰ **TECNICA** catena in filo a sezione quadrata eseguita a mano con finitura lucida **PRODUTTORE** San Lorenzo, Milano

TYPOLOGY "Hokusai", necklace **YEAR** 2003 **ORIGIN** San Lorenzo, Milano **MATERIAL** silver 950‰ **TECHNIQUE** thread chain in square sections hand-made with a glossy finish **PRODUCER** San Lorenzo, Milano

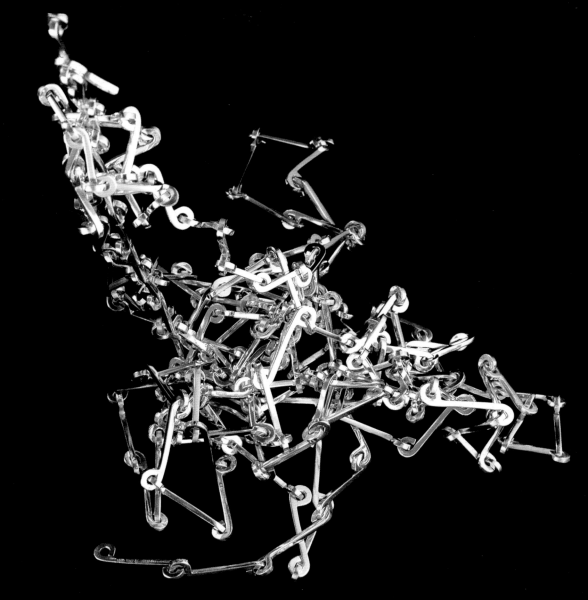

Ronan_Erwan Bouroullec

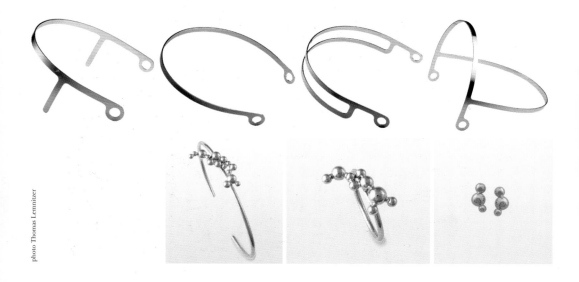

photo Thomas Lenmitzer

TIPOLOGIA "Cloud", collezione composta da bracciale, anello, pendente e orecchini **ANNO** 2003 **PROVENIENZA** Biegel, Germania
MATERIALE oro giallo 750% (versione esposta in platino 950 ‰) **TECNICA** sfere di tre dimensioni fuse in oro e saldate
PRODUTTORE Biegel, Germania

TIPOLOGIA cerchietto per capelli **ANNO** 1999 **PROVENIENZA** S.M.A.K., Islanda **MATERIALE** acciaio **TECNICA** lastra tagliata e piegata
PRODUTTORE S.M.A.K., Islanda

TYPOLOGY "Cloud", collection composed of bracelet, ring, pendant and earrings **YEAR** 2003 **ORIGIN** Biegel, Germany
MATERIAL yellow gold 750% (exhibited platinum model 950 ‰) **TECHNIQUE** three-dimensional sphere cast in gold
and welded **PRODUCER** Biegel, Germany

TYPOLOGY Headband **YEAR** 1999 **ORIGIN** S.M.A.K., Iceland **MATERIAL** steel **TECHNIQUE** cut and folded plate **PRODUCER** S.M.A.K., Iceland

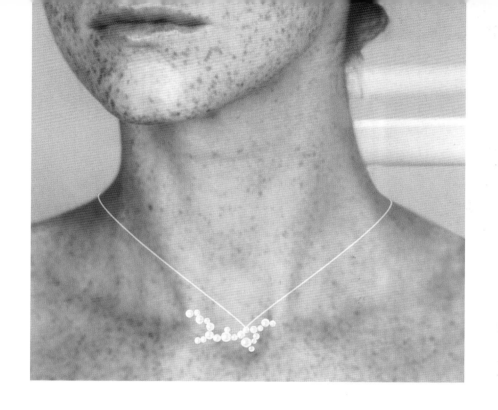

Fernando_Humberto Campana

con | with Centro Progetti Stern

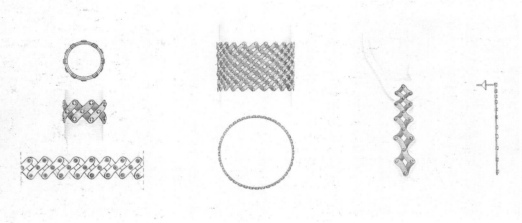

TIPOLOGIA "Pantogràfica", collezione "Ispirazione Universo Campana" composta da anello, bracciale e orecchini **ANNO** 2001 **PROVENIENZA** H. Stern, Brasile **MATERIALE** oro bianco, acciaio e diamanti naturali taglio brillante **TECNICA** il disegno della maglia in acciaio/oro e brillanti ricorda la griglia di chiusura a losanghe dei vecchi ascensori. I gioielli sono composti da elementi mobili che possono allungarsi o comprimersi secondo le esigenze **PRODUTTORE** H. Stern, Brasile

TYPOLOGY "Pantogràfica", "Ispirazione Universo Campana" collection composed of a ring, bracelet and earrings **YEAR** 2001 **ORIGIN** H. Stern, Brazil **MATERIAL** white gold, steel and glossy, natural brilliant-cut diamonds **TECHNIQUE** the design of the chain in steel/gold and brilliant cut diamonds recalls the closing grill geometry of antique elevators. The jewelry is composed of moving elements that can expand or retract depending on need **PRODUCER** H. Stern, Brazil

Matali Crasset

photo Yoshie Nishikawa

TIPOLOGIA "Self Loop", collezione composta da girocollo, bracciale **ANNO** 2003 **PROVENIENZA** San Lorenzo, Milano
MATERIALE argento 925% **TECNICA** maglie in argento sagomate e montate a mano. Il modulo in argento, caratterizzato dal segno dell'infinito, permette ad ognuno di costruire il proprio gioiello. In base al numero degli anelli si può realizzare un bracciale, una collana, una cintura **PRODUTTORE** San Lorenzo, Milano

TYPOLOGY "Self Loop", collection composed of a necklace and bracelet **YEAR** 2003 **ORIGIN** San Lorenzo, Milano
MATERIAL silver 925% **TECHNIQUE** chain made of shaped hand-set silver. The silver form, characterized by the mark of infinity, permits one to create their own jewel. Based on the number of rings one can create a bracelet, a necklace, or a belt **PRODUCER** San Lorenzo, Milano

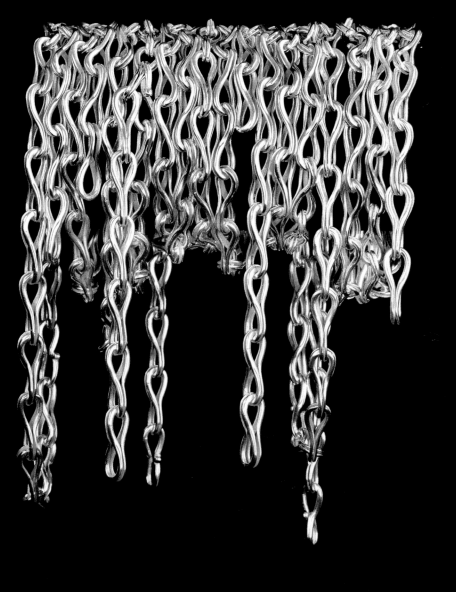

Björn Dahlström

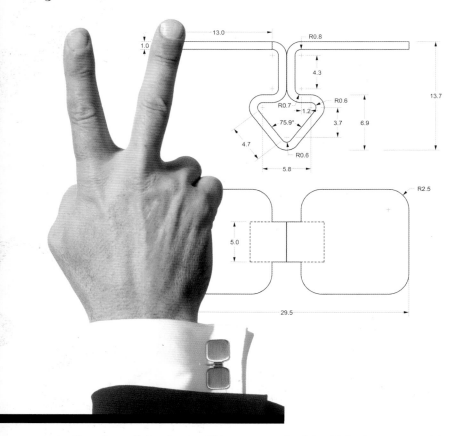

TIPOLOGIA "Futura", gemelli da polso **ANNO** 2001 **PROVENIENZA** Simplicitas AB, Svezia **MATERIALE** acciaio inox **TECNICA** gemelli da polso in acciaio spazzolato(spessore 1 mm), stampato e piegato ad ottenere una particolare forma che facilita l'utilizzo **PRODUTTORE** Simplicitas AB, Svezia

TYPOLOGY "Futura", cufflinks **YEAR** 2001 **ORIGIN** Simplicitas AB, Sweden **MATERIAL** steel inox **TECHNIQUE** cufflinks in brushed steel (thickness: 1 mm), printed and folded to obtain a particular form that facilitates use **PRODUCER** Simplicitas AB, Sweden

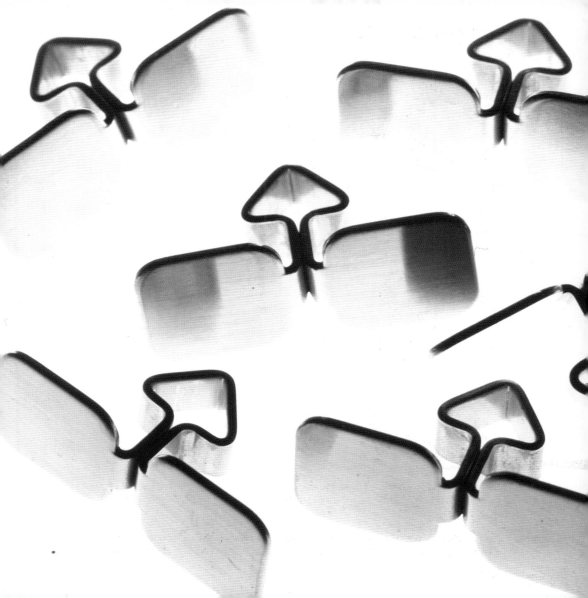

Riccardo Dalisi

TIPOLOGIA "Design ultrapoverissimo", pendente, girocollo, orecchino **ANNO** 1995, 1997 **PROVENIENZA** collezione privata
MATERIALE ferro, rame, ottone, smalto **TECNICA** assemblaggio di lastre ritagliate e fili metallici, saldati e smaltati
PRODUTTORE auto-produzione

TYPOLOGY "Design ultrapoverissimo", pendant, necklace, earring **YEAR** 1995, 1997 **ORIGIN** private collection
MATERIAL iron, copper, brass, enamel **TECHNIQUE** assembly of recut metal plates and threads, welded and enameled
PRODUCER made by the designer

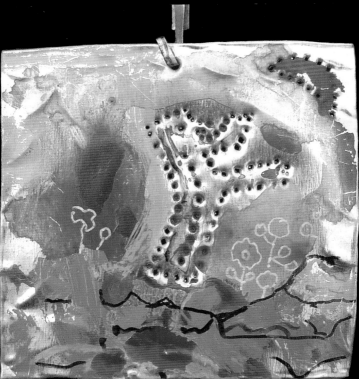

Manolo De Giorgi

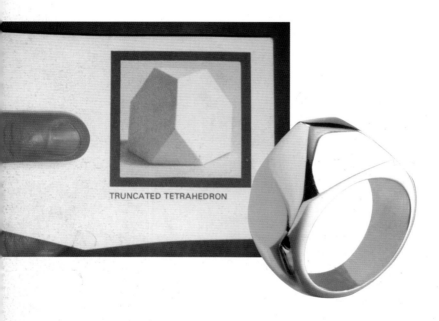

TRUNCATED TETRAHEDRON

photo Dario Tassa

TIPOLOGIA "Supernova", anello bivalente donna/uomo **ANNO** 2004 **PROVENIENZA** Franchi Argentieri, Roma **MATERIALE** argento 925% **TECNICA** fusione in argento, finitura lucida o brunita **PRODUTTORE** Valadier, Roma (realizzazione Franchi Argentieri, Roma)

TYPOLOGY "Supernova", unisex ring **YEAR** 2004 **ORIGIN** Franchi Argentieri, Rome **MATERIAL** silver 925% **TECHNIQUE** silver fusion, glossy or dark finish **PRODUCER** Valadier, Rome (realized by Franchi Argentieri, Rome)

Michele De Lucchi

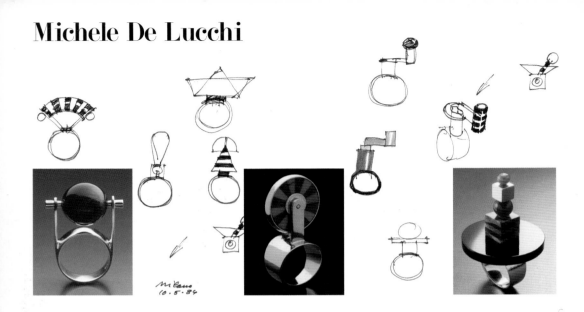

TIPOLOGIA anelli ANNO 1984-86 PROVENIENZA collezione privata Angela Missoni, Milano; collezione privata Milano MATERIALE oro 750% e pietre dure. TECNICA caratteristica la presenza di un possibile cinematismo delle parti PRODUTTORE Cleto Munari, Italia.

TIPOLOGIA "Cartoccio" (progettato con Philippe Nigro), girocollo ANNO 2002 PROVENIENZA Atelier Van Cleef & Arpels, Parigi MATERIALE oro bianco, platino e onice (prototipo in oro giallo e pietre dure) TECNICA pietre d'onice incartocciate in una reticella di platino PRODUTTORE Coromandel design, eseguito da Van Cleef & Arpels, edizione limitata a 20 esemplari

TYPOLOGY rings YEAR 1984-86 ORIGIN private collection Angela Missoni, Milano; private collection, Milano MATERIAL gold 750%, semiprecious stones TECHNIQUE the presence of a cinematic movement of the parts is characteristic PRODUCER Cleto Munari, Italy

TYPOLOGY "Cartoccio" (designed with Philippe Nigro), necklace YEAR 2002 ORIGIN Atelier Van Cleef & Arpels, Paris MATERIAL white gold, platinum and onyx (prototype: gold and semiprecious stones) TECHNIQUE onyx stones crumpled in thin platinum chain PRODUCER Coromandel design, produced by Van Cleef & Arpels, edition limited to 20 pieces

Peter Eisenman

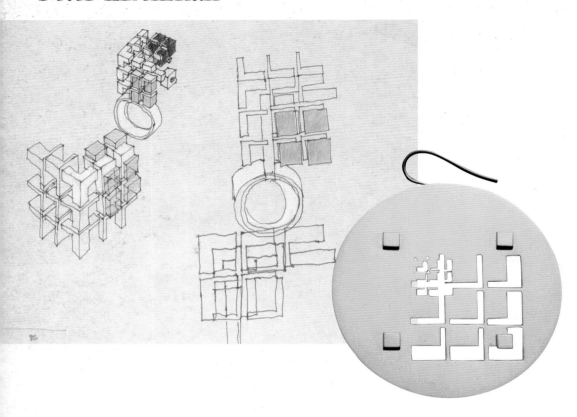

TIPOLOGIA anello e orecchino/pendente **ANNO** 1984-86 **PROVENIENZA** Galleria Colombari, Milano **MATERIALE** oro 750%, pietre dure **TECNICA** anello in oro con griglia tridimensionale anch'essa in oro ed elementi cubici di onice e turchese; orecchino in lastra d'oro incisa **PRODUTTORE** Cleto Munari, Italia

TYPOLOGY ring and earring/pendant **YEAR** 1984-86 **ORIGIN** Galleria Colombari, Milan **MATERIAL** gold 750%, hard stones **TECHNIQUE** ring in gold with a three-dimensional grill also in gold and cubic elements of onyx and turquoise; earring in carved gold-plating **PRODUCER** Cleto Munari, Italy

Uwe Fischer

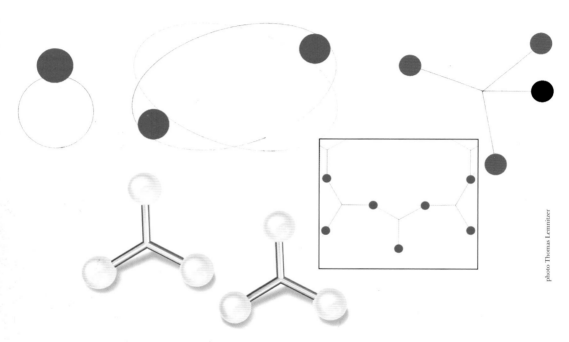

photo Thomas Lemnitzer

TIPOLOGIA "Molecular", collezione composta da anello, orecchini, girocollo e bracciale **ANNO** 2003 **PROVENIENZA** Biegel, Germania **MATERIALE** oro giallo 750% e perle (versioni esposte in platino 950%) **TECNICA** tubicini in oro collegati mediante uno speciale cavo alla perla. La soluzione adottata per il girocollo ne permette ampia flessibilità e perfetta adesione al corpo. L'anello è disponibile nelle versioni con perle oppure mista in oro e perla **PRODUTTORE** Biegel, Germania

TYPOLOGY "Molecular", collection composed of ring, earrings, necklace and bracelet **YEAR** 2003 **ORIGIN** Biegel, Germany **MATERIAL** yellow gold 750% and pearl (displayed versions in platinum 950%) **TECHNIQUE** small gold tubes connected to the pearl through a special wire. The solution chosen for the necklace permits ample flexibility and perfect adhesion to the body. The ring is available in a pearl version or mixed gold and pearl **PRODUCER** Biegel, Germany

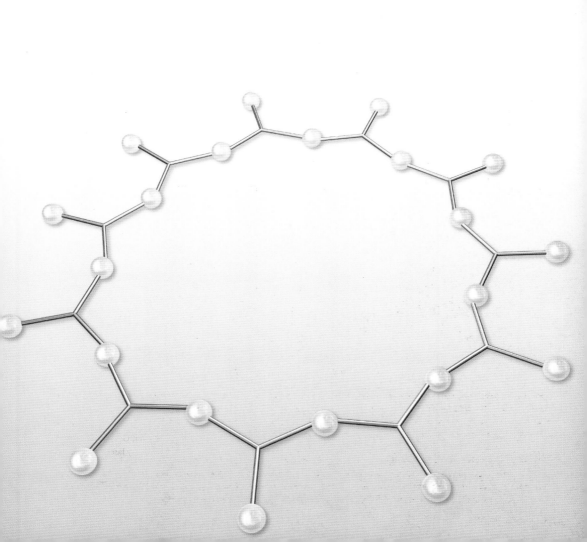

Konstantin Grcic

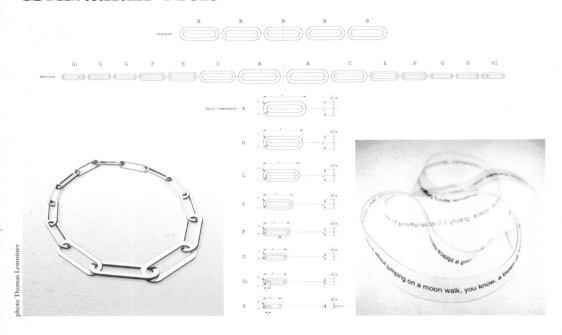

photo Thomas Lenmitzer

TIPOLOGIA "Gran Prix", collezione composta da anello, orecchini e girocollo **ANNO** 2003 **PROVENIENZA** Biegel, Germania
MATERIALE oro bianco e giallo 750% con finitura lucida e brunita **TECNICA** elementi tagliati singolarmente a laser
e successivamente assemblati **PRODUTTORE** Biegel, Germania

TIPOLOGIA girocollo "Moon Walk" **ANNO** 1997 **PROVENIENZA** Museum of Contemporary Art's Hertogenbosch/NL
MATERIALE PVC trasparente morbido serigrafato **TECNICA** collana in PVC sulla quale si legge il testo di una canzone pop
PRODUTTORE Fondazione "Chi ha paura…?", Amsterdam

TYPOLOGY "Gran Prix", collection composed of a ring, earrings, and necklace **YEAR** 2003 **ORIGIN** Biegel, Germany
MATERIAL white and yellow gold 750% with a glossy or dark finish **TECHNIQUE** elements singularly cut by laser and consequently
assembled **PRODUCER** Biegel, Germany

TYPOLOGY "Moon Walk" necklace **YEAR** 1997 **ORIGIN** Museum of Contemporary Art's Hertogenbosch/NL **MATERIAL** printed soft PVC
TECHNIQUE necklace in transparent PVC on which the text of a pop song is printed **PRODUCER** "Chi ha paura…"
Foundation, Amsterdam

...uh. My latest fantasy is about jumping on a moon walk, you know, a blown-up trampoline thing in a dome. I fantasi...

Martí Guixé

TIPOLOGIA "Gold Key $ 4", gioiello per tastiera di computer **ANNO** 2002 **PROVENIENZA** Museum of Contemporary Art's Hertogenbosch/NL **MATERIALE** oro **TECNICA** fusione che riproduce il tasto $ 4 ed allude all'ideologia della new economy **PRODUTTORE** Fondazione "Chi ha paura…?", Amsterdam

TIPOLOGIA "Non visibile ring", anello **ANNO** 2003 **PROVENIENZA** Galleria H2o, Barcellona **MATERIALE** argento verniciato **TECNICA** anello in argento verniciato color pelle; si propone come simbolo di unioni sulla parola **PRODUTTORE** Galleria H2o, Barcellona (serie limitata)

TIPOLOGIA "Polysocial", serie di spille **ANNO** 2004 **PROVENIENZA** collezione privata, Barcellona **MATERIALE** lamierino con decalcomania **TECNICA** spille decorate mediante la riproduzione di un diamante. Fanno parte di un progetto che intende mettere in gioco parametri sociali, emozionali, rituali relativi al valore esclusivo associato ai diamanti **PRODUTTORE** Very Lustre, Giappone

TYPOLOGY "Gold Key $ 4", piece of jewelry for a computer keyboard **YEAR** 2002 **ORIGIN** Museum of Contemporary Art's Hertogenbosch/NL. **MATERIAL** gold **TECHNIQUE** fusion in gold that reproduces the $ 4 key and alludes to the ideology of the new economy **PRODUCER** "Chi ha paura…" Foundation, Amsterdam

TYPOLOGY "Non visibile ring", ring **YEAR** 2003 **ORIGIN** Galleria H2o, Barcelona **MATERIAL** varnished silver **TECHNIQUE** ring in varnished skin-colored silver, which becomes the symbol of a verbal accord **PRODUCER** Galleria H2o, Barcelona (limited edition)

TYPOLOGY "Polysocial", series of pins **YEAR** 2004 **ORIGIN** private collection, Barcelona **MATERIAL** sheet metal with transfer **TECHNIQUE** decorated broaches with the reproduction of a diamond. They are part of a project that attempts to compare social, emotional and ritual parameters associated to the value of diamonds **PRODUCER** Very Lustre, Japan

Arata Isozaki

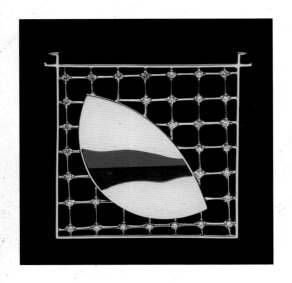

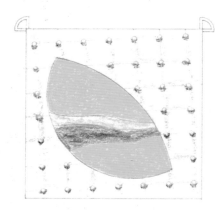

TIPOLOGIA pendente – spilla **ANNO** 1984-86 **PROVENIENZA** collezione privata, Milano **MATERIALE** oro 750%, pietre dure e diamanti
TECNICA pendente costituito da una griglia in oro incastonata con diamanti sormontata da un motivo in oro e pietre dure
PRODUTTORE Cleto Munari, Italia

TIPOLOGIA pendente – spilla **ANNO** 1984-86 **PROVENIENZA** Galleria Colombari, Milano **MATERIALE** oro 750%, turchese, lapislazzuli
e diamanti **TECNICA** pendente costituito da una griglia in oro incastonata con diamanti sormontata da un lapislazzulo di forma
semicircolare e da un turchese di forma quadrata **PRODUTTORE** Cleto Munari, Italia

TYPOLOGY pendant – broch **YEAR** 1984-86 **ORIGIN** Private collection, Milano **MATERIAL** gold 750%, semiprecious stones and diamonds
TECHNIQUE pendant consisting of a gold grill layered with diamonds enclosed with gold and semiprecious stones
PRODUCER Cleto Munari, Italy

TYPOLOGY pendant – broch **YEAR** 1984-86 **ORIGIN** Galleria Colombari, Milano **MATERIAL** gold 750%, turquoise, lapis lazuli
and diamonds **TECHNIQUE** pendant consisting of a gold grill enclosed with a semicircular lapis lazuli and a square turquoise
layered with diamonds **PRODUCER** Cleto Munari, Italy

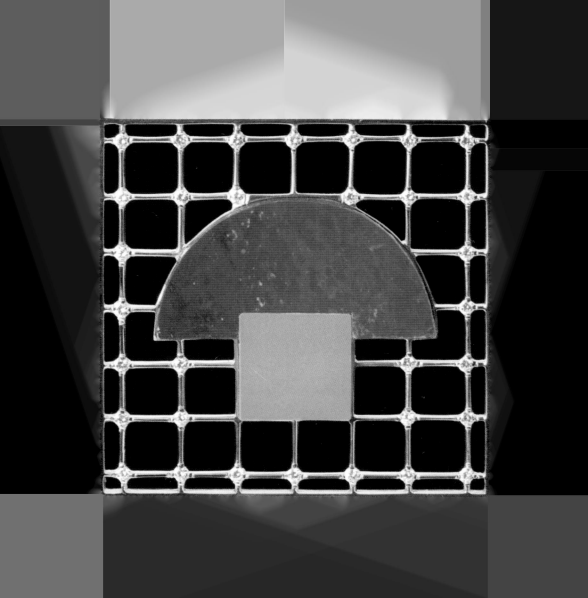

Nathalie Jean

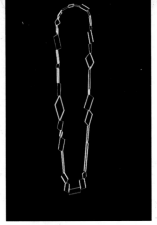

TIPOLOGIA "Chaîne grand modèle", collana della collezione "Saphir Infini 04" **ANNO** 2003 **PROVENIENZA** collezione privata, Milano
MATERIALE argento 925% **TECNICA** collana composta da 34 elementi in nastro d'argento di cui uno con fermaglio in oro bianco.
L'intera collezione si ispira alle forme angolari della struttura cristallina del minerale corindone (zaffiro) vista al microscopio
PRODUTTORE auto-produzione

TIPOLOGIA collana della collezione "Collane Edizione Limitata" **ANNO** 1998 **PROVENIENZA** collezione privata, Milano
MATERIALE tela di carta e foglia d'argento **TECNICA** tela di carta piegata, rivestita di foglia d'argento fissata con vernice protettiva.
La collezione è frutto di esercizi di topografia plastica tridimensionale e di complessi calcoli che si traducono in forme
geometriche astratte **PRODUTTORE** auto-produzione

TYPOLOGY "Chaîne grand modèle", necklace from the "Saphir Infini 04" collection **YEAR** 2003 **ORIGIN** Private collection, Milano
MATERIAL silver 925% **TECHNIQUE** necklace composed of 34 elements in a silver ribbon of which one has a white gold clip.
The entire collection is inspired by the angular form of the crystalline structure of sapphire as seen through a microscope
PRODUCER made by the designer

TYPOLOGY necklace from the "Collane Edition Limited" collection **YEAR** 1998 **ORIGIN** Private collection, Milano **MATERIAL** paper
canvas and silver leaf **TECHNIQUE** canvas of folded paper, covered with a silver leaf attached with a protective varnish.
The collection is the result of exercises in three-dimensional plastic topography and of complex calculations that are translated
into abstract geometrical form **PRODUCER** made by the designer

Harri Koskinen

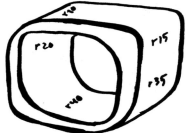

RADIUS KIT FOR DESIGNERS

TIPOLOGIA "Radius kit for designers", collezione composta da anello e bracciale **ANNO** 2004 **PROVENIENZA** Franchi Argentieri, Roma
MATERIALE argento 925% **TECNICA** bracciale scatolato in lastra d'argento. Anello realizzato in fusione d'argento. Finitura bianco
smerigliato; incisioni a bulino indicanti i differenti raggi (il gioiello è inteso come un possibile strumento di misurazione)
PRODUTTORE Valadier, Roma (realizzazione Franchi Argentieri, Roma)

TYPOLOGY "Radius kit for designers", collection composed of a ring and bracelet **YEAR** 2004 **ORIGIN** Franchi Argentieri, Rome
MATERIAL silver 925% **TECHNIQUE** bracelet enclosed in silver ribbon. Ring created by a fusion of silver. Finishing: white opaque;
incisions indicating the different spokes (the piece of jewelry is intended to be used as a possible measuring instrument as well)
PRODUCER Valadier, Rome (realized by Franchi Argentieri, Rome)

Axel Kufus

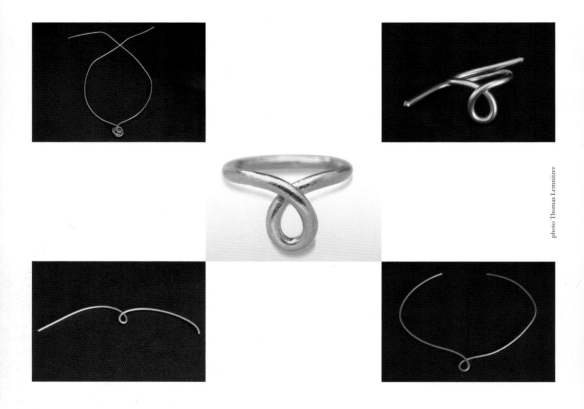

photo Thomas Lenniizer

TIPOLOGIA "Loop", collezione composta da anello, bracciale e girocollo **ANNO** 2003 **PROVENIENZA** Biegel, Germania
MATERIALE oro puro 999,9% **TECNICA** filo in oro puro piegato, forgiato e temprato **PRODUTTORE** Biegel, Germania

TYPOLOGY "Loop", collection composed of a ring, bracelet and necklace **YEAR** 2003 **ORIGIN** Biegel, Germany
MATERIAL pure gold 999.9% **TECHNIQUE** folded pure gold thread, drop-forged and tempered **PRODUCER** Biegel, Germany

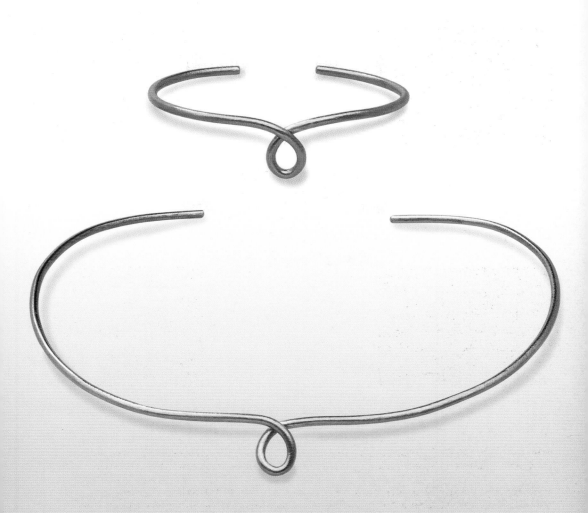

Marta Laudani

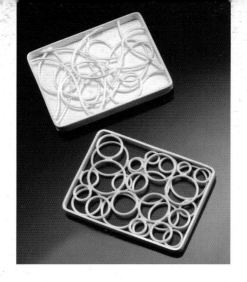

photo Dario Tassa

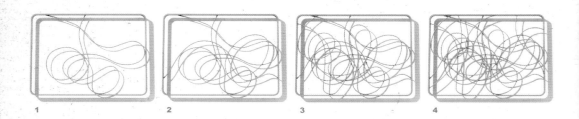

1   2   3   4

TIPOLOGIA "Ombra", spilla/pendente **ANNO** 2004 **PROVENIENZA** Franchi Argentieri, Roma **MATERIALE** argento 925% finito bianco sabbiato **TECNICA** lastra in argento sormontata da decori in filo da 0,8 mm intercambiabili **PRODUTTORE** Valadier, Roma (realizzazione Franchi Argentieri, Roma)

TYPOLOGY "Ombra", broach/pendant **YEAR** 2004 **ORIGIN** Franchi Argentieri, Rome **MATERIAL** silver 925%, white sanded finish **TECHNIQUE** silver sheet overlapped by 0.8 mm interchangeable wire decorations **PRODUCER** Valadier, Rome (realized by Franchi Argentieri, Rome)

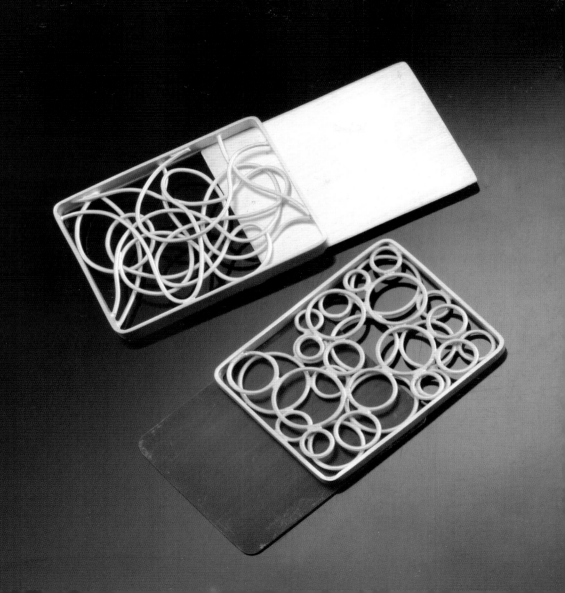

Emanuela Frattini Magnusson

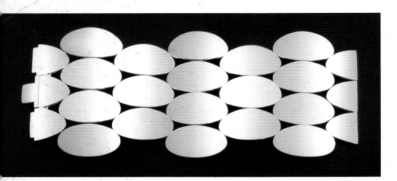

photo Dario Tassa

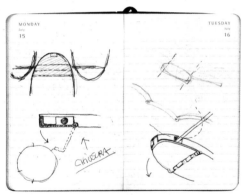

TIPOLOGIA "Tiberio", bracciale **ANNO** 2004 **PROVENIENZA** Franchi Argentieri, Roma **MATERIALE** argento 925% **TECNICA** fusione ed assemblaggio di elementi ovali scatolati collegati con perni in oro bianco a scomparsa, finitura lucida **PRODUTTORE** Valadier, Roma (realizzazione Franchi Argentieri, Roma)

TYPOLOGY "Tiberio", bracelet **YEAR** 2004 **ORIGIN** Franchi Argentieri, Rome **MATERIAL** silver 925% **TECHNIQUE** fusion and assembly of oval boxed elements tied with hideable bolts in white gold, glossy finish **PRODUCER** Valadier, Rome (realized by Franchi Argentieri, Rome)

Angelo Mangiarotti

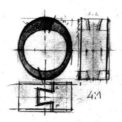

TIPOLOGIA "Vera Laica", anello **ANNO** 2000 **PROVENIENZA** collezione privata, Milano **MATERIALE** argento **TECNICA** la fede si compone di due parti distinte, incastrate tra loro per mezzo di un giunto che impedisce all'anello di smontarsi qualora indossato **PRODUZIONE** prototipo.

TYPOLOGY "Vera Laica", ring **YEAR** 2000 **ORIGIN** private collection, Milano **MATERIAL** silver **TECHNIQUE** the ring consists of two distinct parts, united by a joint that impedes possibility of the ring separating while being worn **PRODUCER** prototype

Alberto Meda

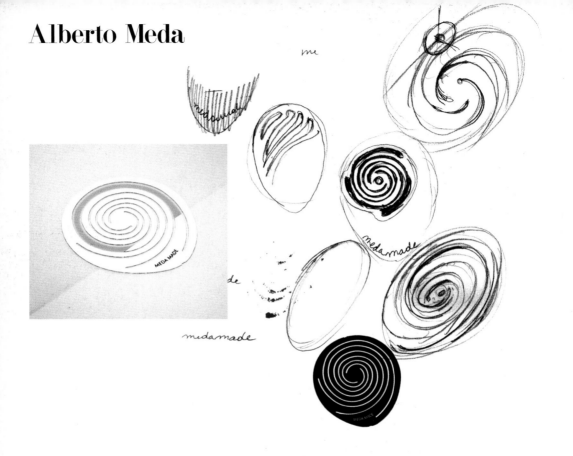

TIPOLOGIA "Meda Made", orecchino/spilla **ANNO** 1998 **PROVENIENZA** Museum of Contemporary Art's Hertogenbosch/NL
MATERIALE acciaio inox (disponibile anche la versione in acciaio placcato oro) **TECNICA** sottilissimo orecchino/spilla
in acciaio caratterizzato dal disegno a spirale ottenuto attraverso il processo di fotoincisione chimica **PRODUTTORE** Fondazione
"Chi ha paura…?", Amsterdam

TYPOLOGY "Meda Made", earring/broach **YEAR** 1998 **ORIGIN** Museum of Contemporary Art's Hertogenbosch/NL **MATERIAL** steel
inox (available in a steel-plated gold version as well) **TECHNIQUE** a very thin earring/broach in steel characterized by a spiral
obtained through the process of chemical photoincision **PRODUCER** "Chi ha paura…" Foundation, Amsterdam

Richard Meier

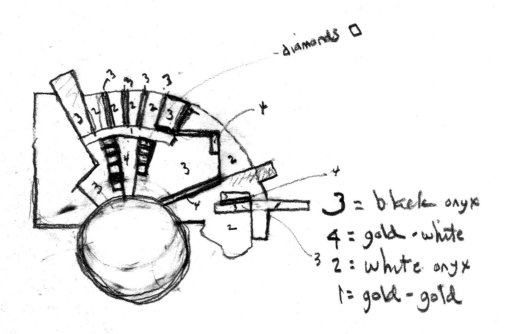

diamonds ☐

3 = black onyx
4 = gold - white
2 = white onyx
1 = gold - gold

TIPOLOGIA anello **ANNO** 1984-86 **PROVENIENZA** collezione privata, Milano **MATERIALE** oro 750%, onice nero, onice bianco
e zaffiro **TECNICA** anello in oro sormontato da un ventaglio di pietre dure costituito dall'alternanza di elementi in onice nero
e bianco **PRODUTTORE** Cleto Munari, Italia

TYPOLOGY ring **YEAR** 1984-86 **ORIGIN** Private collection, Milano **MATERIAL** gold 750%, black onyx, white onyx and sapphire
TECHNIQUE ring in gold layered by a variety of semiprecious stones made up of alternating black and white onyx elements
PRODUCER Cleto Munari, Italy

Alessandro Mendini_Sinya Okayama

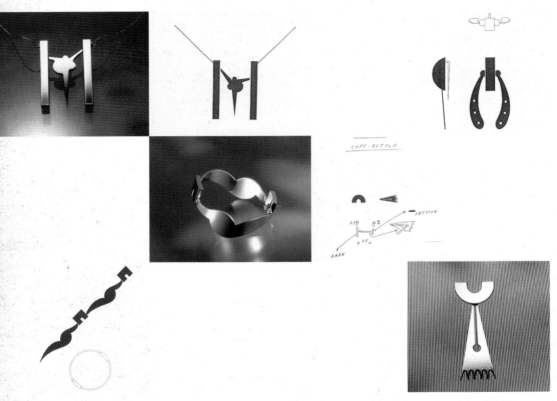

TIPOLOGIA collezione "7+7 Gioielli", bracciale, spilla, pendente **ANNO** 1987 **PROVENIENZA** collezione privata Anna Gili, Milano **MATERIALE** acciaio **TECNICA** gioielli realizzati a "quattro mani" nati dall'idea di unire elementi progettati a distanza per dar vita ad un unico oggetto **PRODUTTORE** Daichi & Co., Giappone

TYPOLOGY "7+7 Gioielli" collection: bracelet, broach and pendant **YEAR** 1987 **ORIGIN** Private collection Anna Gili, Milano **MATERIAL** steel **TECHNIQUE** The pieces of jewelry were created with "four hands", born from the idea to join elements that was conceived by long distance to give life to a unique object **PRODUCER** Daichi & Co., Japan

Benedetta Miralles Tagliabue

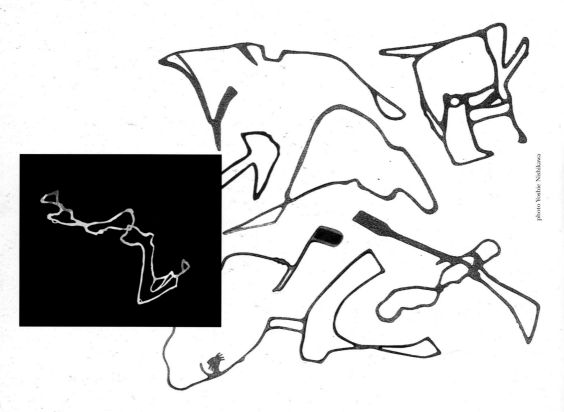

photo Yoshie Nishikawa

TIPOLOGIA "La Joya Aplastada: Rambla", collezione composta da bracciale e spilla **ANNO** 2003 **PROVENIENZA** San Lorenzo, Milano
MATERIALE argento 925% **TECNICA** lastra in argento con finitura lucida traforata e messa in sagoma. Il disegno dei gioielli
riprende i profili della gente in movimento sulle Ramblas di Barcellona **PRODUTTORE** San Lorenzo, Milano

TYPOLOGY "La Joya Aplastada: Rambla", collection composed of a bracelet and broach **YEAR** 2003 **ORIGIN** San Lorenzo, Milano
MATERIAL silver 925% **TECHNIQUE** silver plate with a glossy permeated finish and shaped. The jewelry design refers to the profile
of people moving along the Ramblas of Barcelona **PRODUCER** San Lorenzo, Milano

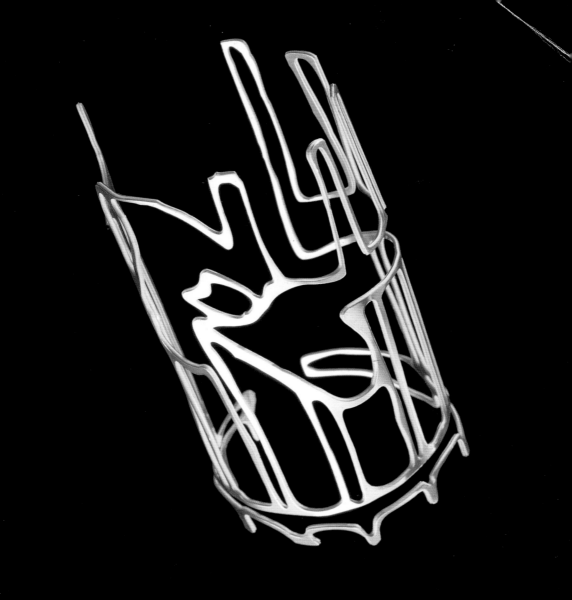

Bruno Munari

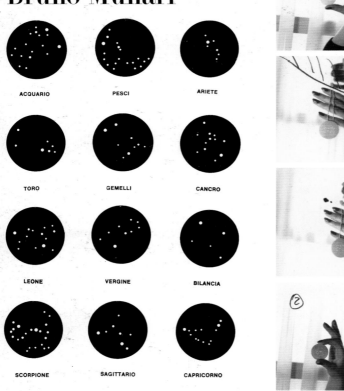

ACQUARIO   PESCI   ARIETE

TORO   GEMELLI   CANCRO

LEONE   VERGINE   BILANCIA

SCORPIONE   SAGITTARIO   CAPRICORNO

TIPOLOGIA "Costellazioni", pendenti **ANNO** 1975 **PROVENIENZA** Galleria del Design e dell'Arredamento, Clac-Cantù **MATERIALE** argento 925% **TECNICA** dischi in argento con fori a trapano; finitura lucida sul retro e opaca sul fronte. Sul retro è fissato un piccolo anello per il passaggio di una catena o nastro. Il numero e le dimensioni dei fori variano a seconda della costellazione rappresentata **PRODUTTORE** Ricci, Brescia

TYPOLOGY "Costellazioni", pendants **YEAR** 1975 **ORIGIN** Galleria del Design e dell'Arredamento, Clac-Cantù **MATERIAL** silver 925% **TECHNIQUE** silver discs with drilled holes; glossy finish on the back and opaque on the front. On the back a small ring to attach a chain or ribbon is added. The number and dimensions of the holes vary depending on the constellations represented **PRODUCER** Ricci, Brescia

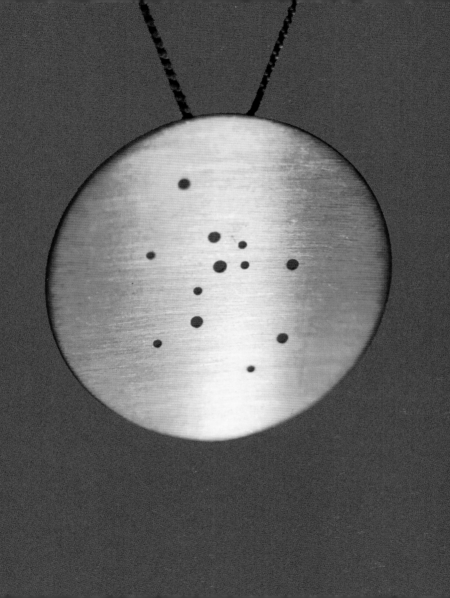

Maria Eugenia Muratori

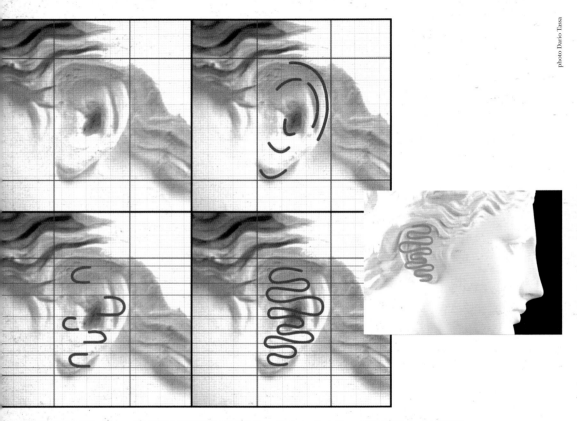

photo Dario Tassa

TIPOLOGIA "Elice", orecchini **ANNO** 2004 **PROVENIENZA** Franchi Argentieri, Roma **MATERIALE** argento 925%
TECNICA lastra d'argento traforata dello spessore di 1,5 mm, finitura bianco sabbiato, lucidato a specchio o con microbrillanti su oro bianco. L'orecchino viene calzato sull'intero orecchio **PRODUTTORE** Valadier, Roma (realizzazione Franchi Argentieri, Roma)

TYPOLOGY "Elice", earrings **YEAR** 2004 **ORIGIN** Franchi Argentieri, Rome **MATERIAL** silver 925% **TECHNIQUE** drilled silver plate with a thickness of 1.5 mm, white sanded finish, shined to a mirror finish with tiny brilliant diamonds on white gold. The earring is worn on the entire ear **PRODUCER** Valadier, Rome (realized by Franchi Argentieri, Rome)

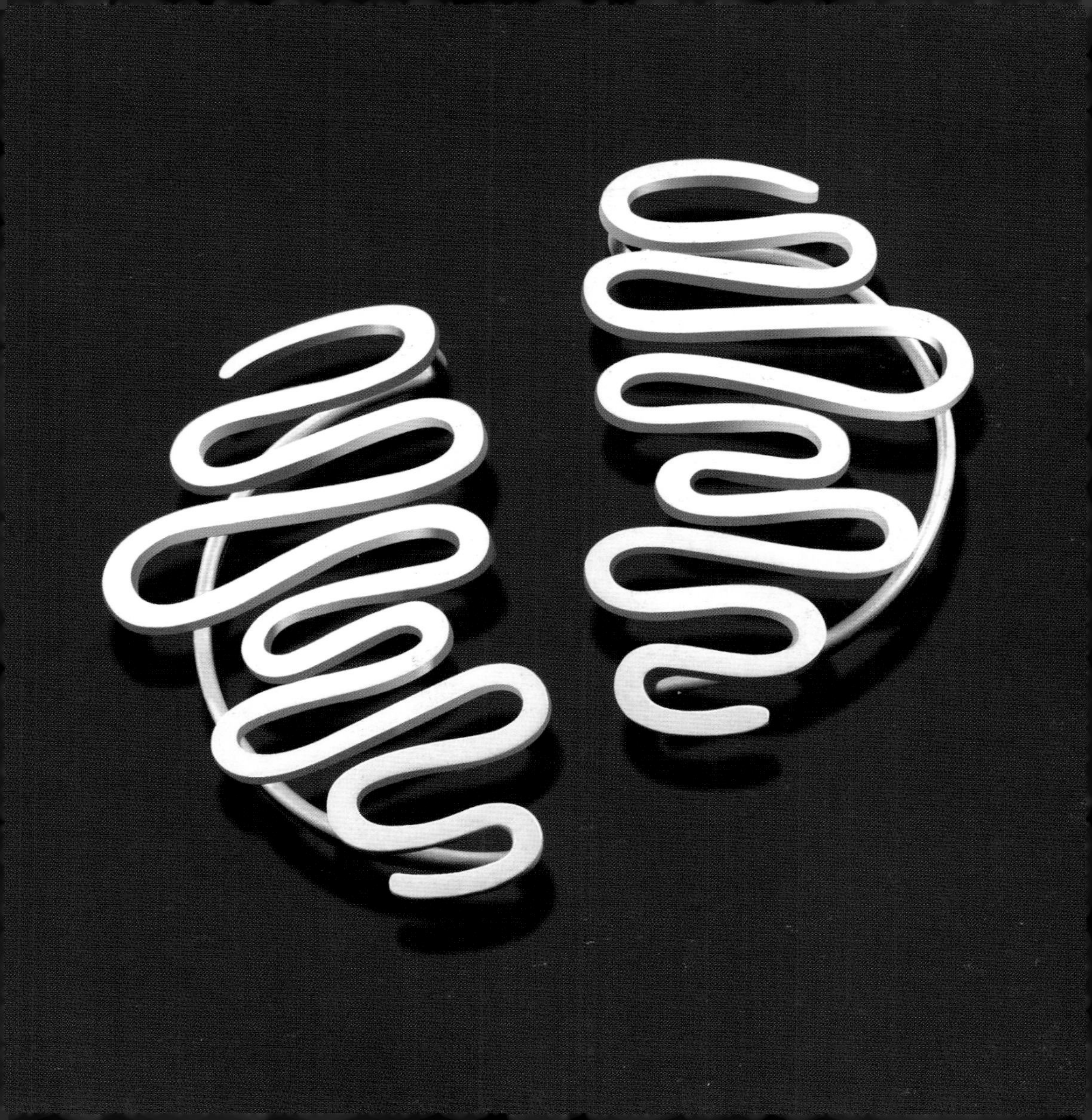

Emilio Nanni

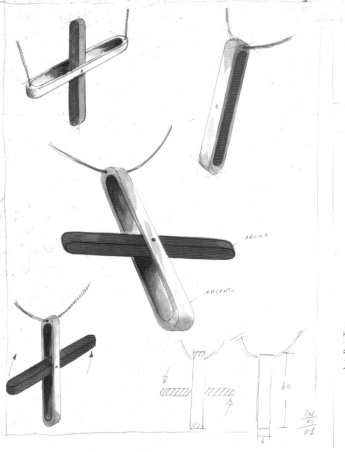

photo Dario Tassa

TIPOLOGIA "Crucifix", pendente **ANNO** 2004 **PROVENIENZA** Franchi Argentieri, Roma **MATERIALE** argento 925% e pvc rosso **TECNICA** guaina in fusione d'argento con finitura lucida; elemento in pvc rosso apribile a comporre il secondo braccio della croce **PRODUTTORE** Valadier, Roma (realizzazione Franchi Argentieri, Roma)

TYPOLOGY "Crucifix", pendant **YEAR** 2004 **ORIGIN** Franchi Argentieri, Rome **MATERIAL** silver 925% and red PVC **TECHNIQUE** a sheath in a fusion of silver with a glossy finish; elements in red PVC that can open to create the second arm of the cross **PRODUCER** Valadier, Rome (realized by Franchi Argentieri, Rome)

Marc Newson

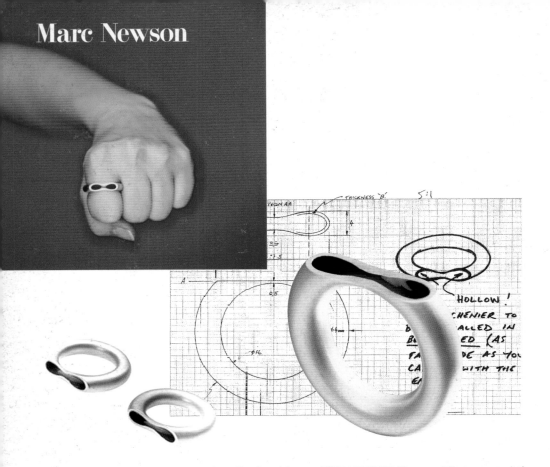

TIPOLOGIA "Orgone", collezione composta da anello e bracciale **ANNO** 1994 **PROVENIENZA** Museum of Contemporary Art's Hertogenbosch/NL **MATERIALE** argento 925% **TECNICA** ricavata sull' argento, una forma cava circolare, con caratteristico taglio a orgone, scopre l'interno finito in smalto rosso o blu **PRODUTTORE** Fondazione "Chi ha paura...?", Amsterdam

TYPOLOGY "Orgone", collection composed of a ring and bracelet **YEAR** 1994 **ORIGIN** Museum of Contemporary Art's Hertogenbosch/NL **MATERIAL** silver 925% **TECHNIQUE** carved out of silver, a circular concave form, with characteristic cuts exposing an interior finished in blue or red enamel **PRODUCER** "Chi ha paura..." Foundation, Amsterdam

Paolo Portoghesi

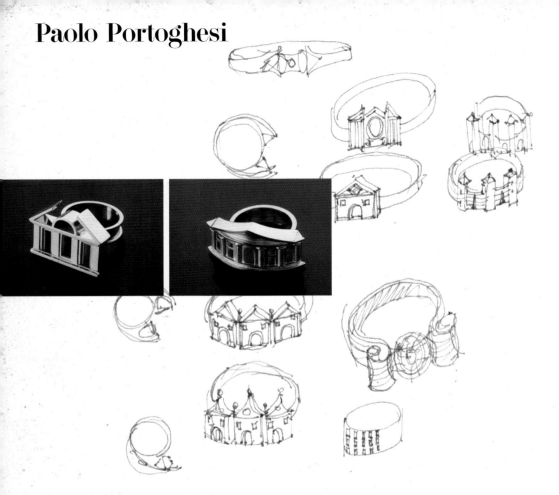

TIPOLOGIA anelli **ANNO** 1984-86 **PROVENIENZA** collezione privata, Milano **MATERIALE** Oro 750% **TECNICA** fusione in oro con architetture **PRODUTTORE** Cleto Munari, Italia

TYPOLOGY rings **YEAR** 1984-86 **ORIGIN** private collection, Milano **MATERIAL** Gold 750% **TECHNIQUE** fusion in gold with architecture **PRODUCER** Cleto Munari, Italy

Marco Romanelli

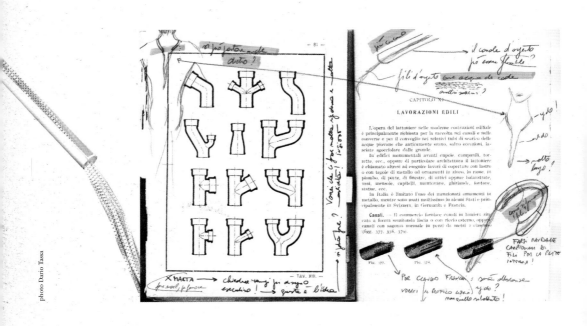

TIPOLOGIA "Acqua", collana **ANNO** 2004 **PROVENIENZA** Franchi Argentieri, Roma **MATERIALE** argento 925%
TECNICA assemblaggio di una canna d'argento flessibile, di spessore 4/10 – diametro 8 mm, con catene in argento semilucido modello Veneziana. Finitura bianco smerigliato **PRODUTTORE** Valadier, Roma (realizzazione Franchi Argentieri, Roma)

TYPOLOGY "Acqua", necklace **YEAR** 2004 **ORIGIN** Franchi Argentieri, Rome **MATERIAL** silver 925% **TECHNIQUE** the assembly of a flexible silver pipe of 4/10 width and 8 mm diameter, with a semiglossy silver Veneziana style chain. Finished in white opaque **PRODUCER** Valadier, Rome (realized by Franchi Argentieri, Rome)

Rolf Sachs

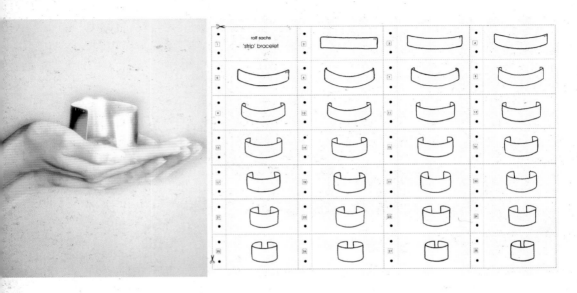

TIPOLOGIA "Strip", bracciale **ANNO** 1994 **PROVENIENZA** Museum of Contemporary Art's Hertogenbosch/NL; collezione privata, Londra **MATERIALE** argento 925% **TECNICA** sottile nastro d'argento cui il fruitore da forma 'personale' **PRODUTTORE** Fondazione "Chi ha paura…?", Amsterdam

TYPOLOGY "Strip", bracelet **YEAR** 1994 **ORIGIN** Museum of Contemporary Art's Hertogenbosch/NL; private collection, London **MATERIAL** silver 925% **TECHNIQUE** thin silver ribbon that can be shaped by the owner **PRODUCER** "Chi ha paura…" Foundation, Amsterdam

Afra_Tobia Scarpa

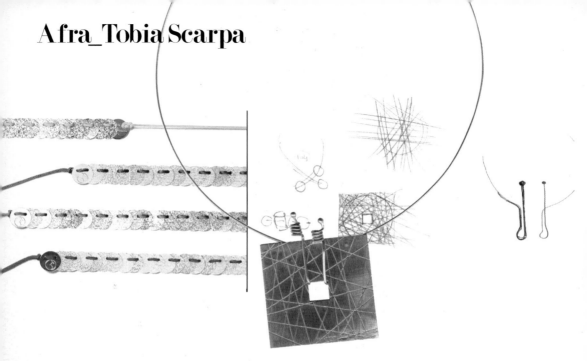

TIPOLOGIA "Dischi", collana **ANNO** 1994 **PROVENIENZA** San Lorenzo, Milano **MATERIALE** argento puro 999,9% rodiato e dorato
TECNICA forme ricavate da lastra **PRODUTTORE** San Lorenzo, Milano

TIPOLOGIA "Farfalla", collana **ANNO** 2002 **PROVENIENZA** San Lorenzo, Milano **MATERIALE** argento puro 999,9%
TECNICA filo in argento reso armonico e forma ricavata da lastra **PRODUTTORE** San Lorenzo

TIPOLOGIA "Conchiglie", collana **ANNO** 2001 (1990) **PROVENIENZA** San Lorenzo, Milano **MATERIALE** argento 925%
TECNICA elementi in argento infilati in cordone di seta **PRODUTTORE** San Lorenzo, Milano

TYPOLOGY "Dischi", necklace **YEAR** 1994 **ORIGIN** San Lorenzo, Milano **MATERIAL** pure silver 999.9% rhodium and gold-plated
TECHNIQUE carved out of a plate **PRODUCER** San Lorenzo, Milano

TYPOLOGY "Farfalla", necklace **YEAR** 2002 **ORIGIN** San Lorenzo, Milano **MATERIAL** pure silver 999.9% **TECHNIQUE** silver thread
rendered harmonic and carved out of a plate **PRODUCER** San Lorenzo

TYPOLOGY "Shell", necklace **YEAR** 2001 (1990) **ORIGIN** San Lorenzo, Milano **MATERIAL** silver 925% **TECHNIQUE** elements in silver
thread on a silk cord **PRODUCER** San Lorenzo, Milano

Ettore Sottsass

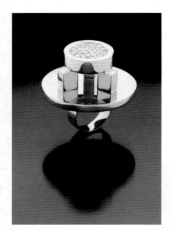

TIPOLOGIA anello **ANNO** 1984-86 **PROVENIENZA** Galleria Colombari, Milano **MATERIALE** oro 750% e diamanti **TECNICA** anello in oro sormontato da un piano circolare sulla quale poggiano tre elementi cubici che sorreggono un cilindro con diamanti incassati nella faccia superiore **PRODUTTORE** Cleto Munari, Italia

TIPOLOGIA "La seduzione", collezione composta da anello, collana e orecchino **ANNO** 2002 **PROVENIENZA** Cleto Munari, Italia **MATERIALE** oro 750% e corallo **TECNICA** anello costituito da una lastra in oro su cui appoggiano 5 perni rivestiti da elementi cilindrici in corallo. Collana in filo rigido con pendente in oro e rametti di corallo. Orecchino a monachella con 4 elementi orizzontali di sezione cilindrica terminanti ciascuno con due bottoni in corallo **PRODUTTORE** Cleto Munari, Italia

TYPOLOGY ring **YEAR** 1984-86 **ORIGIN** Galleria Colombari, Milano **MATERIAL** gold 750% and diamonds **TECHNIQUE** ring in gold topped by a circle upon which three cubic elements rest that support a cylinder with diamonds set on the upper side **PRODUCER** Cleto Munari, Italy

TYPOLOGY "La seduzione", collection composed of a ring, necklace and earring **YEAR** 2002 **ORIGIN** Cleto Munari, Italy **MATERIAL** gold 750% and coral **TECHNIQUE** ring conceived from a gold plate on which five bolts rest covered with cylindrical coral elements. Necklace in rigid wire with a gold pendant decorated with small coral pieces. Earring with four horizontal elements of cylindrical sections each terminating with two coral buttons **PRODUCER** Cleto Munari, Italy

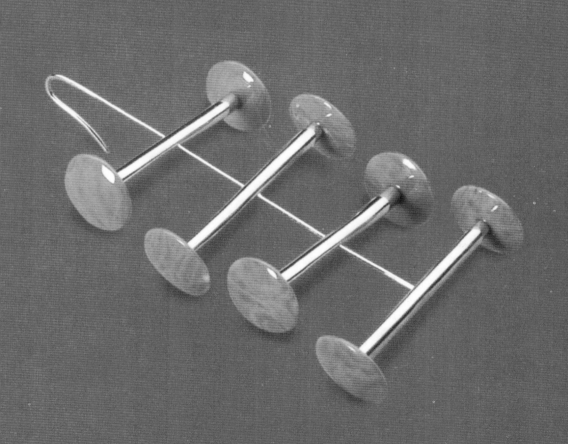

Martin Szekely

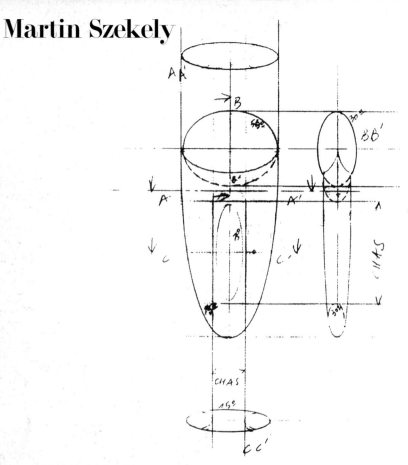

TIPOLOGIA "Reine de Saba", collezione composta da collana e bracciale **ANNO** 1999 **PROVENIENZA** Hermès, Parigi
MATERIALE oro 750%, argento 925% **TECNICA** ripetizione di elementi snodati in un'intersezione concavo-convesso
PRODUTTORE Hermès, agent Kreo/Parigi

TYPOLOGY "Reine de Saba", collection composed of a necklace and bracelet **YEAR** 1999 **ORIGIN** Hermès, Paris
MATERIAL gold 750%, silver 925% **TECHNIQUE** repetition of loose elements in a concave-convex intersection
PRODUCER Hermès, agent Kreo/Paris

Giovanna Talocci

photo Yoshie Nishikawa

TIPOLOGIA "Twins", collana **ANNO** 2003 **PROVENIENZA** San Lorenzo, Milano **MATERIALE** argento 925% **TECNICA** maglia d'argento annodata a mano con elementi di chiusura in canna d'argento con finitura lucida. La collana-sciarpa presenta una chiusura mobile inserita tra gli anelli della maglia che permette di unire le fasce a diverse altezze dando la libertà a chi la indossa di "disegnare" ogni volta un gioiello diverso **PRODUTTORE** San Lorenzo, Milano

TYPOLOGY "Twins", necklace **YEAR** 2003 **ORIGIN** San Lorenzo, Milano **MATERIAL** silver 925% **TECHNIQUE** silver chain annotated by hand with the closure in silver tubing with a glossy finish. The necklace-scarf presents a mobile closure inserted through the links of the chain that allows one to bring the bands together at different heights, giving the freedom to the wearer to "design" every time the necklace is worn **PRODUCER** San Lorenzo, Milano

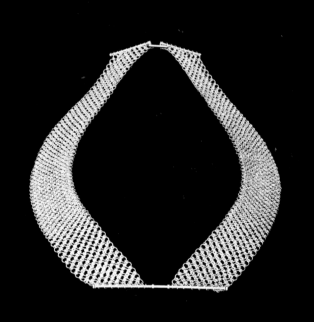

Patricia Urquiola

TIPOLOGIA "Pompon", collana **ANNO** 2003 **PROVENIENZA** San Lorenzo, Milano **MATERIALE** argento 925%, finitura lucida, tubolare di poliestere **TECNICA** sfere in argento saldate su raggiere mobili, solidarietà mediante perno e laccio di tubolare di poliestere inserito in tromboncini d'argento. Il disegno della collezione è una rivisitazione delle maglie di lana basche dove i pompon vengono usati come chiusura **PRODUTTORE** San Lorenzo, Milano

TYPOLOGY "Pompon", necklace **YEAR** 2003 **ORIGIN** San Lorenzo, Milano **MATERIAL** silver 925%, glossy finish, polyester tubing **TECHNIQUE** silver spheres sealed on mobile spokes through bolt and polyester tubes inserted in silver tromboncini. The design of the collection is a nostalgic look at the Basque sweaters where the pompons are used as closures
PRODUCER San Lorenzo, Milano

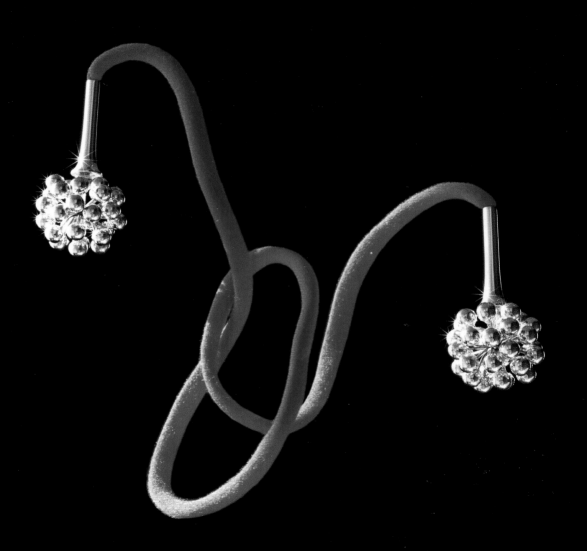

Lella_Massimo Vignelli

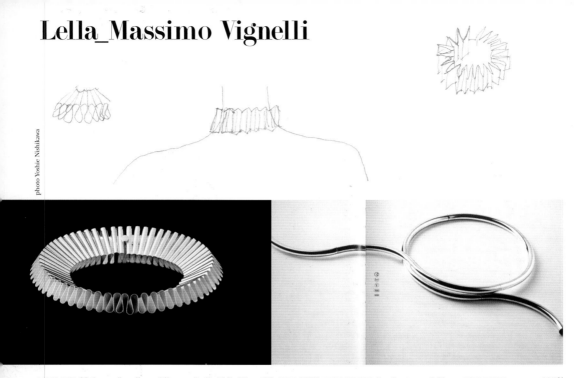

TIPOLOGIA "Seicento", collana (disegno Lella Valle Vignelli) **ANNO** 2003 **PROVENIENZA** San Lorenzo, Milano **MATERIALE** argento 925%
TECNICA lastra d'argento piegata e sagomata a mano con finitura lucida. Il riferimento è alle gorgiere inamidate seicentesche
PRODUTTORE San Lorenzo, Milano

TIPOLOGIA "Senza Fine", collezione composta da bracciale e collana (disegno Massimo e Lella Vignelli) **ANNO** 1992
PROVENIENZA San Lorenzo, Milano **MATERIALE** argento 925% **TECNICA** tubo in argento con giunto meccanico a frizione
PRODUTTORE San Lorenzo, Milano

TYPOLOGY "Seicento", necklace (design Lella Valle Vignelli) **YEAR** 2003 **ORIGIN** San Lorenzo, Milano **MATERIAL** silver 925%
TECHNIQUE silver plate folded and shaped by hand with a glossy finish. The reference is to the starched baroque collars
of the Seventeenth century **PRODUCER** San Lorenzo, Milano

TYPOLOGY "Senza Fine", collection composed of a bracelet and necklace (design Massimo and Lella Vignelli) **YEAR** 1992
ORIGIN San Lorenzo, Milano **MATERIAL** silver 925% **TECHNIQUE** silver tube with a mechanical joint
PRODUCER San Lorenzo, Milano

Pia Wallén

TIPOLOGIA anello, bracciale **ANNO** 1993 **PROVENIENZA** Pia Wallén AB, Svezia **MATERIALE** argento 925% e feltro di lana 100% **TECNICA** anelli e bracciali realizzati a mano foderati in feltro di lana in diversi colori. Il feltro rende ergonomico e confortevole l'uso di questi gioielli **PRODUTTORE** Pia Wallén AB, Svezia

TYPOLOGY ring, bracelet **YEAR** 1993 **ORIGIN** Pia Wallén AB, Sweden **MATERIAL** silver 925% and 100% wool felt **TECHNIQUE** rings and bracelets created by hand, sheathed in wool felt of various colors. The felt renders the use of this jewelry ergonomic and comfortable **PRODUCER** Pia Wallén AB, Sweden

Marcel Wanders

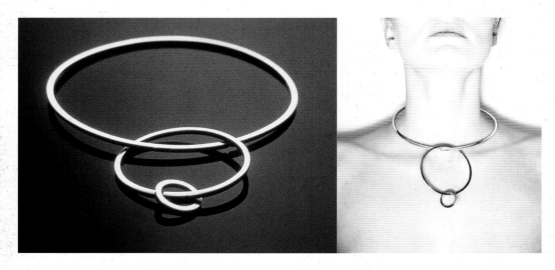

TIPOLOGIA "Trinity", girocollo+bracciale+anello **ANNO** 1998 **PROVENIENZA** Museum of Contemporary Art's - Hertogenbosch/NL **MATERIALE** argento 925% **TECNICA** tubolare d'argento a sezione quadrata con chiusura nascosta. Pensati come set possono anche essere indossati separatamente **PRODUTTORE** Fondazione "Chi ha paura…?", Amsterdam

TIPOLOGIA "Nosé", girocollo/oggetto simbolico **ANNO** 2002 **PROVENIENZA** Museum of Contemporary Art's - Hertogenbosch/NL **MATERIALE** argento placcato oro **TECNICA** una sfera cava, che riproduce un naso da clown, può esser usato, mediante un filo, come girocollo **PRODUTTORE** Fondazione "Chi ha paura…?", Amsterdam

TYPOLOGY "Trinity", necklace, bracelet, and ring **YEAR** 1998 **ORIGIN** Museum of Contemporary Art's - Hertogenbosch/NL **MATERIAL** silver 925% **TECHNIQUE** sliver tubing with squared sections and a hidden closure. The jewelry in the set can also be worn separately **PRODUCER** "Chi ha paura…" Foundation, Amsterdam

TYPOLOGY "Nosé", necklace/symbolic object **YEAR** 2002 **ORIGIN** Museum of Contemporary Art's - Hertogenbosch/NL **MATERIAL** gold-plated silver **TECHNIQUE** a pitted sphere, which resembles the nose of a clown, and can be used together with a thread as a necklac **PRODUCER** "Chi ha paura…" Foundation, Amsterdam

Hannes Wettstein

photo Thomas Lemnitzer

TIPOLOGIA "Frame", collezione composta da anello, girocollo, bracciale e orecchini **ANNO** 2003 **PROVENIENZA** Biegel, Germania
MATERIALE platino 950% e diamanti naturali taglio brillante (versioni esposte anche in oro giallo e oro bianco) **TECNICA** cornici
ottenute per saldatura di un filo quadro da 2 mm con incassati diamanti taglio brillante lungo il perimetro interno
PRODUTTORE Biegel, Germania

TIPOLOGIA "Triller", anello **ANNO** 1996 **PROVENIENZA** Fondazione "Chi ha paura…?", Amsterdam **MATERIALE** argento 925%
TECNICA anello fischietto, ottenuto da una fusione. Diventa un oggetto ludico **PRODUTTORE** Fondazione "Chi ha paura…?",
Amsterdam

TYPOLOGY "Frame", collection composed of a ring, necklace, bracelet and earrings **YEAR** 2003 **ORIGIN** Biegel, Germany
MATERIAL platinum 950% and natural brilliant-cut diamonds (exhibited versions also in yellow and white gold)
TECHNIQUE the frame was created by sealing a square 2 mm thread with brilliantly cut diamonds embedded along the interior
perimeter **PRODUCER** Biegel, Germany

TYPOLOGY "Triller", ring **YEAR** 1996 **ORIGIN** "Chi ha paura…" Foundation, Amsterdam **MATERIAL** silver 925%
TECHNIQUE whistle ring, obtained by a fusion. It becomes a glossy object **PRODUCER** "Chi ha paura…" Foundation, Amsterdam

Michael Young

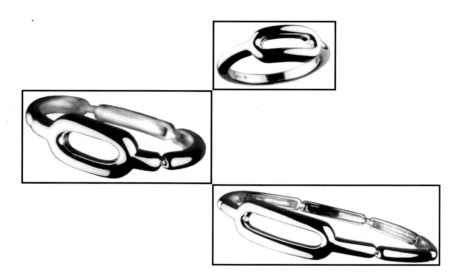

TIPOLOGIA "Magazine", collezione composta da anello e collana **ANNO** progetto 1997, produzione 1999 **PROVENIENZA** S.M.A.K., Islanda **MATERIALE** argento **TECNICA** fusione d'argento. L'ingrossamento centrale, senza cambi di sezione, costituisce l' elemento decorativo **PRODUTTORE** S.M.A.K., Islanda

TYPOLOGY "Magazine", collection composed of a ring and necklace **YEAR** designed 1997, produced 1999 **ORIGIN** S.M.A.K., Iceland **MATERIAL** silver **TECHNIQUE** silver fusion. Central bulge, without segment changes, represents the decorative element **PRODUCER** S.M.A.K., Iceland

gioiello d'artista jewelry by artists
carla accardi getulio alviani
afro basaldella pietro consagra fausto melotti
gioiello d'orafo jewelry by jewelry designers
giampaolo babetto mario pinton gerd rothmann
gioiello pezzo unico pièces uniques
bulgari cartier chanel damiani
gioiello di fashion designer jewelry by fashion designers
chanel gucci
gioiello di produzione jewelry in production
bulgari cartier salvini

mpla

Per contrappunto si è scelto di affiancare ai gioielli dei designer cinque exempla – gioiello d'artista, gioiello di jewelry designers, gioiello pièce unique, gioiello di fashion designer, gioiello di produzione – che evidenzino altri modi della gioielleria contemporanea e quindi segnalino differenze e analogie con il gioiello di design.

As a counterpoint we have chosen to set the jewelry by designers alongside five exempla – artist jewelry, designer jewelry, pièce unique jewelry, fashion designer jewelry, jewelry in production – that show other modes of contemporary jewelry and thus highlight differences and analogies with design jewelry.

Carla Accardi

TIPOLOGIA pendente con catena **ANNO** 1998 **PROVENIENZA** collezione Paolillo, Roma **MATERIALE** oro bianco, onice, diamanti **TECNICA** lastra in onice e oro bianco con diamanti taglio brillante **PRODUTTORE** pezzo unico

TYPOLOGY pendant with chain **YEAR** 1998 **ORIGIN** Paolillo collection, Rome **MATERIAL** gold white, onyx, diamonds **TECHNIQUE** onyx and white gold plate with brilliant cut diamonds **PRODUCER** one-of-a-kind

TIPOLOGIA "Monorecchino" ANNO 1967 PROVENIENZA collezione privata, Milano MATERIALE alluminio TECNICA monorecchino
di forma circolare in alluminio lucidato a fresa milleluci sagomato al centro per l'inserimento dell'orecchio (esiste anche
la versione in oro giallo) PRODUTTORE pezzo unico

TYPOLOGY "Monorecchino", single earring YEAR 1967 ORIGIN private collection, Milano MATERIAL aluminum
TECHNIQUE single circular earring in glossy aluminium milling cutted with the insertion of the ear at the center (a yellow gold
version exists as well) PRODUCER one-of-a-kind

Afro Basaldella

TIPOLOGIA spilla **ANNO** 1950 ca. **PROVENIENZA** collezione privata, Roma **MATERIALE** oro giallo e corallo **TECNICA** fusione in oro montata su corallo **PRODUTTORE** pezzo unico

TYPOLOGY broach **YEAR** 1950 circa **ORIGIN** private collection, Rome **MATERIAL** yellow gold and coral **TECHNIQUE** gold fusion mounted on coral **PRODUCER** one-of-a-kind

TIPOLOGIA bracciale **ANNO** 1998 **PROVENIENZA** collezione Paolillo, Roma **MATERIALE** oro bianco, diamanti **TECNICA** lastra traforata in oro bianco con diamanti taglio brillante **PRODUTTORE** pezzo unico

TYPOLOGY bracelet **YEAR** 1998 **ORIGIN** Paolillo collection, Rome **MATERIAL** white gold, diamonds **TECHNIQUE** perforated plate in white gold with brilliant-cut diamonds **PRODUCER** one-of-a-kind

TIPOLOGIA collana **ANNO** 1947 **PROVENIENZA** collezione privata, Milano **MATERIALE** terracotta e ottone **TECNICA** collana costituita da elementi circolari in terracotta con motivo decorativo e dimensioni differenti uniti da anelli in ottone; la parte centrale presenta dei pendenti **PRODUTTORE** pezzo unico

TYPOLOGY necklace **YEAR** 1947 **ORIGIN** private collection, Milano **MATERIAL** terracotta and brass **TECHNIQUE** necklace is built of circular terracotta elements with a decorative pattern and different sizes that are joined by brass rings. The central part is composed of pendants **PRODUCER** one-of-a-kind

Giampaolo Babetto

TIPOLOGIA anello **ANNO** 1970 **PROVENIENZA** collezione privata, Padova **MATERIALE** oro giallo 750%, resina colorata
TECNICA costruzione a lamine niellate **PRODUTTORE** auto produzione in serie limitata

TYPOLOGY ring **YEAR** 1970 **ORIGIN** private collection, Padova **MATERIAL** yellow gold 750%, colored resin **TECHNIQUE** small sheet
construction with niello **PRODUCER** made by the designer – limited edition

TIPOLOGIA girocollo **ANNO** 1955 **PROVENIENZA** collezione Gianna Pinton, Padova **MATERIALE** oro giallo 750% **TECNICA** girocollo anatomico di filo battuto, con terminali posteriori a gancetto. Medaglione ovale, raffigurante un cervo morente, fuso e cesellato, con margini slabbrati di fusione. Anello a larga fascia saldato sulla parte superiore **PRODUTTORE** pezzo unico

TYPOLOGY necklace **YEAR** 1955 **ORIGIN** Gianna Pinton collection, Padova **MATERIAL** yellow gold 750% **TECHNIQUE** anatomical wrought wire necklace with a hooking closure. Oval medallion representing a dying deer, fused and chiseled, with rounded borders. Large-banded ring sealed on top **PRODUCER** one-of-a-kind

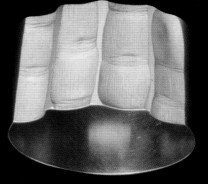

TIPOLOGIA "Quattro dita", bracciale **ANNO** 1992 **PROVENIENZA** collezione privata, Monaco **MATERIALE** oro **TECNICA** bracciale a fascia che riproduce l'impronta delle quattro dita dell'artista **PRODUTTORE** pezzo unico

TYPOLOGY "Four finger", bracelet **YEAR** 1992 **ORIGIN** private collection, Monaco **MATERIAL** gold **TECHNIQUE** banded bracelet that reproduces the imprint of four fingers of the artist **PRODUCER** one-of-a-kind

Bulgari

TIPOLOGIA collier **ANNO** 2004 **PROVENIENZA** Bulgari, Roma **MATERIALE** zaffiri fancy, diamanti, oro giallo **TECNICA** collier in oro giallo composto da zaffiri fancy per 39,09 carati, uno zaffiro rosa di 3,65 carati e otto diamanti di taglio brillante per 2,48 carati. Il pavé di diamanti è pari a 13,42 carati **PRODUTTORE** Bulgari, Roma, pezzo unico

TYPOLOGY chain **YEAR** 2004 **ORIGIN** Bulgari, Rome **MATERIAL** fancy sapphires, diamonds, yellow gold **TECHNIQUE** chain in yellow gold composed of fancy sapphires totaling 39.09 carats, a pink sapphire of 3,65 carats and eight brilliant cut diamonds totaling 2.48 carats. The pavé of diamonds is equal to 13,42 carats **PRODUCER** Bulgari, Rome, one-of-a-kind

Cartier

TIPOLOGIA girocollo **ANNO** 2000 **PROVENIENZA** Cartier, Parigi **MATERIALE** platino, diamanti, perle, zaffiri **TECNICA** girocollo montato in platino e composto da una fila di diamanti e perle naturali in alternanza. 4 diamanti a cuore, 1 diamante bianco di 4,19 carati, 1 diamante blu di 1,03 carati, 2 diamanti rosa di 1,02 e 1,06 carati, 31 brillanti per 49,83 carati complessivi. Motivi ornamentali formati da perle dei Mari del Sud, rotonde e a forma poire, 35 perle per 168,20 carati, 3 zaffiri per 27,37 carati, 1 zaffiro rosa di 20,34 carati **PRODUTTORE** Cartier, Parigi, pezzo unico

TYPOLOGY necklace **YEAR** 2000 **ORIGIN** Cartier, Paris **MATERIAL** platinum, diamonds, pearls, sapphires **TECHNIQUE** necklace constructed in platinum and composed of a string of alternating diamonds and natural pearls. 4 heart-shaped diamonds, 1 white diamond of 4.19 carats, 1 blue diamond of 1.03 carats, 2 pink diamonds of 1.02 and 1.06 carats, 31 brilliant cut diamonds totaling 49.83 carats. Ornamental pattern formed by South Sea pearls, round and pear-shaped, 35 pearls totaling 168.20 carats, 3 sapphires totaling 27.37 carats, 1 pink sapphire of 20.24 carats **PRODUCER** Cartier, Paris, one-of-a-kind

Chanel

TIPOLOGIA "L'Eau", girocollo **ANNO** 2001 **PROVENIENZA** Atelier Haute Joaillerie Chanel, Parigi **MATERIALE** diamanti, oro bianco 750% e cristallo di rocca **TECNICA** la parure "L'acqua" richiama alla memoria il fluire dell'acqua sulla pelle. 326 diamanti su una collana in oro bianco che si avvolge intorno al collo senza fermaglio. 11 diamanti a goccia da 0,60 a 4 carati, contornati da cristallo di rocca, evocano le gocce d'acqua **PRODUTTORE** Chanel Joaillerie, Parigi, pezzo unico

TYPOLOGY "L'Eau", necklace **YEAR** 2001 **ORIGIN** Atelier Haute Joaillerie Chanel, Paris **MATERIAL** diamonds, white gold 750% and rock crystal **TECHNIQUE** the "L'Eau" set recalls the memory of the flow of water on the skin. 326 diamonds on a white gold necklace wrap around the neck without a clip. 11 drop-shaped diamonds from 0.60 to 4 carats are complemented with rock crystal, evoking the idea of water droplets **PRODUCER** Chanel Joaillerie, Paris, one-of-a-kind

Damiani

TIPOLOGIA "Bocca di squalo", bracciale **ANNO** 1976 **PROVENIENZA** Damiani, Milano-Valenza **MATERIALE** oro giallo, platino e diamanti **TECNICA** bracciale in oro giallo e platino con pavè di diamanti bianchi e jonquille per un totale di carati 41,19. Chiusura a morsa **PRODUTTORE** Casa Damiani, Valenza, pezzo unico

TYPOLOGY "Shark's Mouth", bracelet **YEAR** 1976 **ORIGIN** Damiani, Milano-Valenza **MATERIAL** yellow gold, platinum and diamonds **TECHNIQUE** bracelet in yellow gold and platinum with pavè of white diamonds and jonquil for a total of 41.19 carats. Closure formed by a 'bite' **PRODUCER** Casa Damiani, Valenza, one-of-a-kind

Chanel

Gucci

TIPOLOGIA "Camélia", anelli **ANNO** 1993 **PROVENIENZA** Atelier Chanel Joaillerie, Parigi **MATERIALE** onice o calcedonia, oro giallo 750% (disponibile ache nella versione in oro bianco) **TECNICA** montatura in oro giallo e fiore di camelia inciso a mano nella pietra dura (onice nero o calcedonia) **PRODUTTORE** Chanel Joaillerie, Parigi

TYPOLOGY "Camélia", rings **YEAR** 1993 **ORIGIN** Atelier Chanel Joaillerie, Paris **MATERIAL** onyx, calcedonia, yellow gold 750% (also available in a white gold version) **TECHNIQUE** yellow gold and perfect flower frame carved by hand in hard stone (black onyx or calcedonia) **PRODUCER** Chanel Joaillerie, Paris

TIPOLOGIA "Horsebit", anello **ANNO** 2003 **PROVENIENZA** Gucci **MATERIALE** oro bianco 18 KT, pavé di diamanti 1,70 carati (totali), onice **TECNICA** anello in oro bianco 18kt realizzato con metodo di fusione a cera persa, incassato a mano con 198 diamanti taglio brillante. Pietra dura in onice nero imperniata taglio fantasia **PRODUTTORE** Gucci

TYPOLOGY "Horsebit", ring **YEAR** 2003 **ORIGIN** Gucci **MATERIAL** white gold 18 KT, pavé of diamonds 1,70 carats (total), onyx **TECHNIQUE** ring in 18kt white gold created by the wax smelting method, embedded by hand with 198 brilliant cut diamonds. Fastened hard stone in fancy cut black onyx **PRODUCER** Gucci

Bulgari

Cartier

photo Jean Jaques L' Hertier

TIPOLOGIA "B.zero1", anello (collezione composta anche da orecchini e bracciale) **ANNO** 2000 **PROVENIENZA** Bulgari, Roma **MATERIALE** oro bianco e diamanti **TECNICA** anello a quattro fasce in oro bianco 18 kt con pavé di diamanti pari a un carato **PRODUTTORE** Bulgari, Roma

TYPOLOGY "B.zero1", ring (collection also composed of earrings and bracelet) **YEAR** 2000 **ORIGIN** Bulgari, Rome **MATERIAL** white gold and diamonds **TECHNIQUE** 4-banded ring in 18 kt white gold with a pavé of diamonds equal to a carat **PRODUCER** Bulgari, Rome

TIPOLOGIA "Trinity", anello (collezione composta anche bracciale, orecchini e pendente) **ANNO** 2004, da un modello del 1924 **PROVENIENZA** Cartier, Parigi **MATERIALE** oro bianco, giallo, rosso **TECNICA** fedi e bracciali intrecciati ispirati al celebre "3 anneaux 3 ors", simbolico per Cartier **PRODUTTORE** Cartier, Parigi

TYPOLOGY "Trinity", ring (collection also composed of bracelet, earrings and pendant) **YEAR** 2004, from a model of 1924 **ORIGIN** Cartier, Paris **MATERIAL** yellow, red and white gold **TECHNIQUE** woven rings inspired by the celebrated "3 anneaux 3 ors", symbolic of Cartier **PRODUCER** Cartier, Paris

Salvini

TIPOLOGIA "Croce" **ANNO** 1994 **PROVENIENZA** Salvini, Milano
MATERIALE oro bianco, diamanti bianchi taglio brillante
TECNICA simbolica forma tridimensionale in oro e pavè di
diamanti taglio brillante **PRODUTTORE** Casa Damiani, Valenza

TYPOLOGY "Croce" **YEAR** 1994 **ORIGIN** Salvini, Milano
MATERIAL white gold, white brilliant cut diamonds
TECHNIQUE symbolic three-dimensional form in gold and
a pavè of brilliant cut diamonds **PRODUCER** Casa Damiani,
Valenza